多元智能与实践学习

刘治富　著

东北大学出版社

·沈　阳·

图书在版编目（CIP）数据

多元智能与实践学习 / 刘治富著 . -- 沈阳 : 东北

大学出版社, 2024. 6. -- ISBN 978-7-5517-3544-5

Ⅰ. G632.421

中国国家版本馆 CIP 数据核字第 20243MR711 号

出　版　者：东北大学出版社
　　　　　　地址：沈阳市和平区文化路三号巷11号
　　　　　　邮编：110819
　　　　　　电话：024-83683655（总编室）
　　　　　　　　　024-83687331（营销部）
　　　　　　网址：http://press.neu.edu.cn
印　刷　者：辽宁一诺广告印务有限公司
发　行　者：东北大学出版社
幅面尺寸：170 mm × 240 mm
印　　张：14.25
字　　数：226 千字
出版时间：2024 年 6 月第 1 版
印刷时间：2024 年 6 月第 1 次印刷
策划编辑：周文婷
责任编辑：周文婷
责任校对：刘新宇
封面设计：潘正一
责任出版：初　茗

ISBN 978-7-5517-3544-5　　　　　　定　价：60.00 元

序 言

风靡全球的多元智能理论，是哈佛大学教育研究生院霍华德·加德纳教授 1983 年在《智能的结构》一书中创建的发展心理学和认知心理学理论。此理论强有力地推动了包括中国在内世界四大洲多个国家的教育改革进程，至今已经 40 余年。在《华尔街日报》2008 年推出的全球最具影响力的思想家排行榜上，霍华德·加德纳名列第 5。因此说他是当今世界最伟大的发展心理学家和教育学家之一，名副其实。

多元智能理论在中国，更是获得了包括原中共中央政治局常务委员李岚清副总理以及无数大中小学和幼儿园校长、园长和老师们的认可和赞赏，成为中国制定素质教育方针、培养德智体美劳全面发展人才的理论依据。仅由陶西平副会长领衔的中国教育学会"十五"规划重点课题"借鉴多元智能理论开发学生潜能实践研究"，就有来自全国 13 个省、市、自治区的 800 多所大中小学和幼儿园成为课题组成员，发表的论文数以千计，出版的著作数以百计。其中我翻译的加德纳教授名著《多元智能》一书，在 2003 年中国百部教育学术类畅销书排行榜上名列第一。

由于以上重点课题在全国产生的广泛影响，本书的作者刘治富老师从 2006 年起就开始了多元智能理论的学习与实践。18 年来，他除了广泛阅读有关书籍，反复深入研究，还曾申报并实施过"多元智能理论的本土化应用"等多项研究课题，其系列成果也曾多次获奖。

2010 年 5 月 31 日和 6 月 1 日，刘治富老师来到北京五洲皇冠假日酒店，参加了由加德纳教授和陶西平副会长任大会名誉主席的"2010 年多元智能国际研讨会"，以及加德纳亲自出席他亲自主编的《多元智能在全球》中译本的新闻发布会。我作为这个国际研讨会的顾问委员会委员和这部中译本的主编，就是在这次会议上认识刘治富老师的。

然而自"借鉴多元智能理论开发学生潜能实践研究"顺利结题以后，特别是随着2010年上述国际研讨会闭幕，也是加德纳教授第六次访问中国之后，虽然多元智能理论在中国不再有国家级的研究课题，对它广泛关注的高潮也已经过去，但各地各学校对此理论在教育教学实践中的应用，以及将其与各地课程改革的研究和实践项目相结合，仍然保持着热情，做了大量有益的工作。刘治富老师的专著《多元智能与实践学习》，就是其中的突出代表。我对作者多年来坚持实践多元智能理论取得的成果和丰富经验，表示赞赏。我相信，有志于在新时代深化教育改革的中小学校，一定可以从中找到所需要的理论依据和有用的实践经验。

沈致隆

2024年5月22日

┃目 录┃

第一章 多元智能理论与学校发展

❖ 第一节 多元智能理论的教育启示

多元智能理论在从心理学领域走向教育实践领域的过程中不断得到拓展和深化，成为制定教育方针的政策依据，为世界各国所关注。当下，了解多元智能理论的背景与发展历程，剖析其多元性、发展性、社会性、独立性和综合性等特征，有利于其本土化的探索与应用。

一、多元智能理论的产生过程

多元智能理论产生于20世纪60年代席卷美国教育界的反思和改革浪潮中。它从基础学科研究和学科交叉研究的哈佛大学及其教育研究生院的"零点项目"研究所发展而来。

多元智能理论的思想发源时间，可以追溯到霍华德·加德纳开始接触心理学的大学本科二年级。1967年，由于长期对艺术感兴趣，加德纳成为"零点项目"最早的成员。多元智能理论诞生的直接诱因，是加德纳接受了荷兰海牙伯纳德·凡·李尔基金会的委托，承担了一项持续4～5年的重大课题。这一课题从跨文化的角度出发，对正常儿童和特殊儿童（患孤独症儿童和白痴天才）的艺术心理和创造力进行研究。1971年，加德纳博士毕业后向格什温德提出跟随他做博士后的申请，在波士顿退伍军人医疗管理中心做助手，开展对大脑受伤病人的研究，探索人类潜能的本质及其开发。1972年，29岁的加德纳成为"零点项目"研究所的两名负责人之一。1983年，加德纳的著作《智能的结构》出版，标志着多元智能理论的诞生。加德纳总结研究多元智能理论的两个原因：一是自幼对音乐的爱好；二是博士即将毕业时进入大脑神经学研究领域。

加德纳认为，智能是一种生物生理潜能，是在特定的文化背景下或社会中，解决问题的能力或创造产品的能力。解决问题的能力，就是能够针对某一特定的目标，找到通向这一目标的正确路线。"从构思一部小说的结尾，到下棋时把对方将死，甚至到修补一床棉被，都是生活中需要解决的问题。科学理论、音乐作品，甚至成功的政治竞选，都是创造文化产品。"①

二、多元智能理论的基本特征

法国著名心理学家阿尔弗莱德·比内于1900年发明的"智力测验"长期影响了学校教育价值的取向。看似公平的IQ或SAT等各种考试，实则成为少数在语言或数学领域书面应试高手的"战场"。在一场场貌似没有硝烟的"战争"中，同学之间成为了"假想敌"，学习中普遍缺少合作，缺少交流。这些都影响他们树立正确价值观，以及关键能力、必备品格的培养。

然而在我们身边，或者在我们可及的视域内，往往存在着一些诸如演说家、领袖、体育名将、乐器演奏家等全民偶像。试问：为什么我们的IQ或SAT等智力测验无法辨认他们的智慧和能力？如果他们不聪慧，又是什么使他们取得如此出色的成就的呢？显然，凭借单纯的智力测验无法完全去验证，单一的智能结构也无法解释此类现象。

传统的测量心理学认为，智能就是解答智力测验考试题目的能力。加

---

① 霍华德·加德纳. 多元智能 ［M］. 沈致隆，译. 北京：新华出版社，2003：16.

德纳认为，智能是一种计算能力，即处理特定信息的能力。这种能力源自人类生物和心理的本能，如前面所说，是一种解决问题或创造产品的能力。准确地说，智能是在某种社会或文化环境的价值标准下，个体用以解决自己遇到的真正难题或生产及创造出有效产品所需要的能力。

（一）智能具有多元性

虽然加德纳不是提出智能多元化的第一人，但是，他赋予智能多元化新的意义。他认为，每个人都至少拥有八种智能，每种智能优势的人会表现出相应的特征。语言智能指掌握并运用语言、文字的能力。逻辑—数学智能指逻辑推理、数学运算以及科学分析方面的能力。音乐智能指感觉、欣赏、演奏、歌唱、创作音乐的能力。身体—动觉智能指运用全身或身体的某一部分，包括嘴和手，解决问题或创造产品的能力。空间智能指针对所观察的事物，在脑海中形成一个模型或图像，从而加以运用的能力。人际认知智能指了解他人，与他人合作的能力。自我认知智能指深入理解自己内心世界并用以指导自己行为的能力。博物学家智能指对自然界动植物以及社会商品进行研究、归纳、分类、挑选的能力。加德纳还提出了存在智能的可能性，指思考生命的价值、死亡的意义以及在自然界和人类社会中人类为自己定位的能力。

（二）智能具有发展性

加德纳借鉴了不同学科和不同知识体系的理论和实践，最终确定了每一种智能的八项判据，既参考了生物学的依据，也会在一个或多个文化背景中进行评价，如超常儿童、孤独症儿童的研究成果，人类认知进化的研究资料，心理测量学的研究，心理训练的研究等。每一种智能都有可以辨别的核心运作方式，或具有一组运作方式，通过特定的信息处理方式，人类的每一种智能都能够被活化或激发。加德纳根据天赋模式分析一个人发展轨迹上的四个不同阶段：5岁时，对行业和领域一无所知；10岁时，开始掌握行业的规则；青春期（15—25岁），在十字路口；成熟的实践者（30—35岁），找到自己的发展方向。

（三）智能具有社会性

加德纳的研究看重的是对社会有意义的人物而不是抽象的能力，强调要与社会文化背景相联系。拥有某方面很高的智能，并不意味着一个人的行为具有很高的智慧。如拥有高度逻辑—数学智能的人，能够运用其能力从事重要的物理学实验工作，或者进行新的复杂的几何证明，但是其也可能浪费了能力，整天计算彩票的中奖率。因此，智能是通过个人能力、社会价值观及社会组织的相互作用而发展的。

（四）智能具有独立性

从脑科学的角度分析，大脑右半球作用音乐的感知和创作，所以我们会看到，一些患有孤独症的儿童可以熟练地演奏乐器。由于大脑的每一个半球都支配着身体另一半的运动，习惯于右手的人，运动的支配部位通常在大脑左半球。位于额骨颞颞叶的语言区域对逻辑推理很重要。位于顶骨前叶的视觉空间区域，则掌握数字计算的功能，一些白痴天才在其他很多领域表现无能，但在数学计算上却有可能十分出色。大脑右后部位受伤的病人，会失去辨别方向的能力，易于迷路，其辨认面孔和关注细节的能力明显减弱；大脑前叶在人际认知智能和自我认知智能方面起主要作用，影响每个人的性格变化。

再如，患有孤独症的孩子虽然无法自我表达，多半却在音乐、计算、空间判断和机械工程等领域表现出不同凡响的才能。有的脑损伤病人仍然能辨认并说出无生命的物体，却失去了辨认有生命物体的能力。荷兰博物学家海拉特·韦梅耶虽然是个盲人，却能靠触觉从事研究工作。智能的这种独立性，意味着即使一个人拥有很高的某项智能（如音乐智能），也不一定拥有同样程度的其他智能（如人际认知智能）。

（五）智能具有综合性

一般而言，每个成年人只有一种智能可以达到辉煌的境界。人与人之间的差别主要在于人与人所具有的不同智能组合，事实上，几乎具有任何文化程度及教育背景的人，都需要运用多种智能的组合来解决问题。比如，足球教练倾向于身体—动觉智能、空间智能、语言智能和人际认知智能。一名在政府机构工作的政治家，更依赖语言智能、人际认知智能和自我认知智能。一名优秀的二胡演奏家，除了具有音乐智能之外，还需要有身体—动觉的高难度技巧、人际认知智能（与经纪人沟通）、自我认知智能。舞蹈家需要不同程度的身体—动觉智能、音乐智能、人际认知智能和空间智能组合。

三、多元智能理论的启示

日常生活中，切苹果很常见，人们习惯纵向切分。长期以来，从众心理使纵向切分苹果理所当然。直到某一天，有人突发奇想换了一种横向切分苹果的方法，也就是这样的不同寻常，让我们发现了苹果里有颗"五角星"的美丽秘密，这是创造性的发现。在工作中，假若我们"换一种切苹果的方法"，常常也会收到意料之外的效果。

学生都是可爱之人。一些教师谈及教学状况时，会倾诉自己的不易与辛劳。有关教育方面的问题，教师可以向农人精神学习。在庄稼生长不好时，农人从来不去埋怨庄稼，而是不断努力地改变田间管理的策略。农人对待庄稼的态度，决定着庄稼的命运；教师对待学生的态度，则决定着学生的成长。著者曾经遇到这样一名学生，他叫吉，学习表现起初很差，在三年级到六年级的时间，由于著者给予他许多期待和无私的爱，他的学习逐渐进步。小学毕业的那年暑假，著者意外地收到他的生日祝福短信。这让著者感动许久，因为他是班级唯一记得著者的生日并给著者祝福的学生。

教师都是可用之才。校长应该牢记杜威的至理名言：人类所有的冲动中，以"希望成为重要人物"的欲望最为强烈。校长也可以尝试用多元智能理论衡量学校的教师，放大每位教师的优点，取其所长。我们会惊喜地发现，身边的教师在演讲、写作、书法、绘画、器乐、体育、人际交往等方面有出众之处。学校的工作涉及方方面面，需要各个领域的人才，校长应该让"英雄有用武之地"，让每一位教师的人生价值都能得到自我实现。

课堂都有可创之处。基于经验的教材解读方式往往受到学情的制约与牵绊，难以达到预设的良好效果，但巧妙生成，可以"转危为机"。一位数学教师在教学"圆的面积"（图1.1）时，遇到了这样一道题。如图：已知正方形的面积为 8 cm²，求出圆的面积。全班学生努力思考，试图先求出半径，再利用公式 $S = \pi r^2$ 计算圆的面积。然而，由于 8 的开方超出了小学阶段的知识范围，学生都感到很困惑。此时，教师引导学生：求圆的面积一定要知道半径吗？如果此路不通，我们能否尝试换一种思维方式？或许会有新的发现！不久，就有学生恍然大悟，惊叫："8 cm² 不就是 r^2 吗？这也太简单了吧！"

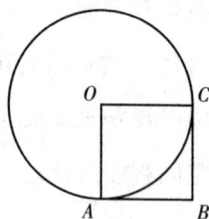

图1.1

生活都有可乐之时。同样半瓶水，乐观的人会庆幸还有半瓶水，悲观的人却唉声叹气地认为只剩下半瓶水了。换一种心态，想想自己幸福、甜蜜的生活，心境会渐渐敞亮。怨天尤人不如另辟蹊径，牢骚满腹不如沉心静默，悔思过去不如展望未来。总之，埋怨生活不如享受生活。换一种生活方式，给自己浮躁的心找一处诗意的栖息地，寻找自己的爱好，读书看报、吹拉弹唱、琴棋书画……忘记所有的烦恼，抛却所有的世俗，与家人相伴，享天伦之乐。生活，就应该快乐着、满足着。

换一种切苹果的方式，其实就是换一种思考问题的方法，换一种改进工作的策略，换一种待人处世的心态，提升人生价值，书写属于自己的七彩人生。

四、多元智能理论在学校

(一) 提炼学校精神，唤醒学校的"生命感"

学校精神，具体表现为学校的"一训三风"、学校的气质、学校的吉祥物、学校的文化标识等。这些显性的精神文化，可以赋予学校独特的生命价值，继而内化为师生的言谈举止，成为学校的精神象征。比如，一所学校的校训是"正心·智和·向善·唯美"，一方面传承了学校的抗战精神；另一方面以多元智能作为新的支点和生长点，发挥办学特色。对于"一训三风"，学校是这样解读的：校训中"正心"，出自《礼记·大学》，"欲正其心者，先诚其意"和"心正而后身修"，使人心归向于正，公正无私；"智和"，即人的智能是多元的，人与人的差异，在于人与人不同的智能组合，每名学生都是独特的个体，多元智能，和而不同；"向善"，出自《周易·坤·文言》，"积善之家，必有余庆"，鼓励师生和气、友善；"唯美"，出自费孝通先生的"各美其美，美人之美，美美与共，天下大同"，师生接受美的熏陶、拥有美的心境、共铸美的追求。校风是"百花齐放，彼此欣赏"。人无全才，人人有才，"天生我材必有用"，每名学生都是天才，教师、师生、学生间要互相欣赏，接纳包容。教风是"发现每名学生独特的天赋"，每名学生都不同，都有天赋智能，教师要尊重学生的差异，善于发现学生的才能。学风是"达到自己能够达到的高度"，"大树小草"各得其所，各展其长。学校搭建了"一轴两翼三区四中心"的校园文化网络，"一轴"即多元智能文化，"两翼"即智能文化和课程文化，"三区"即学习区、活动区、实践区，"四中心"即智能加油站、智能服务区、智能检测点、智能训练营。

七贤小学组织名师队伍深挖其中交叉互容、交融促进的重要因素，经验与理论互相验证，精准地细化了"七贤文化"的深刻内涵。结合教育学家加德纳的多元智能理论和21世纪学生发展核心素养标准，学校展开了教育学的新视野：自我知觉、社会生存、自然探索、创造能力、领导能力……与传统学校定义的优秀学生不同，学校关注每一名学生，关注其各自独立的认知方式。七贤小学以"培根、铸魂、启智、润心"八字育人观为指引，凝练"七贤文化"的内涵——"善、智、勇、雅、巧、礼、达"，指向学生学习的意义建构、精神塑造、问题解决和完整生活，让学生脚下有根、胸中有志、眼里有光、人生有为。

（二）开发本校课程，激活学校的"生长点"

学校应激活每一名学生的"自我生长"，所以，"教学工作"就是学生多姿多彩的"生命的林子"。倘若把学校比作一个大花坛，那么每一名学生都是含苞待放的"花骨朵"。学校要给学生提供足够的空气、阳光、雨露……要给学生创造以学为中心的课程，以满足他们成长的需求，让他们成为最好的自己。

根据加德纳提出的多元智能理论，结合本地实际，本书将八种智能整合为自我知觉、社会生存、自然探索三个领域。自我知觉领域包括自我认知智能、音乐智能；社会生存领域包括人际认知智能、语言智能、空间智能；自然探索领域包括博物学家智能、身体—动觉智能、逻辑—数学智能。围绕这三个智能领域构建多元智能课程，建立学科群，开设模块课程，即"基础性""拓展性""研究性"课程。课程体现情境化、生活化和互动化。在课程建设中，学校要根据学生差异发展的弱势领域，设立学习区、活动区和实践区，同时，借助多元智能加油站、多元智能服务区、多元智能研究所、多元智能（感统）训练营、多元智能生态（种植）馆等辅助训练室（场），通过有针对性的训练，发展学生的多元智能。

七贤小学聚力打造"七贤课程"，将"培、铸、启、润"作为课程的教育方式和理念，将"根、魂、智、心"作为课程教育内容和目的。结合"七贤文化"，学校以"贤"为媒，将"善、智、勇、雅、巧、礼、达"七个教育点作为课程维度，在课程建设中促使学生经历"尚贤善、启贤智、炼贤勇、养贤雅、生贤巧、执贤礼、通贤达"的立体学习样态。"七贤课程"体系中，"贤勇"与"贤善"课程向上聚焦为自我知觉领域，架构出"贤德"课程，意在培育学生的身体—动觉智能和自我认知智能。"贤德"课程与另外两个课程模块一样，都向下辐射出基础性、拓展性及研究性三个模块。其中，"贤德"课程的基础性模块包括道德与法治、体育、心理等课程，拓展性模块包括棒球、情商、食育等课程，研究性模块包括义卖、毅行、"我的偶像"等课程。"贤智"与"贤巧"课程向上聚焦为自然探索领域，架构出"贤能"课程，意在培养学生的逻辑—数学智能、空间智能及博物学家智能。"贤能"课程的基础性模块包括科学、数学、综合实践活动等课程，拓展性模块包括趣味实验、数学思维、3D打印等课程，研究性模块包括创意工坊、春秋研学等课程。"贤礼""贤雅"与"贤达"课程向上聚焦为社会生存领域，架构出"贤慧"课程，意在培养学生的人际认知智能、语言智能以及音乐智能。"贤慧"课程的基础性模块包括语文、英语、音乐等课程，拓展性模块包括辩论、书法、合唱等课程，研究性模块包括蔬食家、小厨师、观察员等课程。

（三）推进课堂改革，贴合学校的"本土化"

基于多元智能理论的教学实践，在"十一五"期间提出了"多元智能课堂"的构想，我们提炼了"效益至上，方法多元，因'智'施教，促进公平"的课堂教学理念，积极践行了"激趣引路—导学明法—启智延展—多元评价"的教学流程。教师从目标的制定、方法的选择、内容的开发、学生的评价等各个方面，科学地设计课堂学习活动，研究学习单和观察单的运用，致力于学生的"能力生根计划"。"十二五"期间，提炼出"基于智能'补偿效应'的课堂学习活动优化"和"基于智能'催化效应'的课堂学习活动优化"两种学习模式，并开发了与之相适应的"唤醒、导学、链接、反思"和"沉浸、分享、实践、评价"两条操作流程。这两种学习模式借助对应的智能工具箱、生活实践园等操作载体，让学生运用已有的知识技能和经验，找到解决问题的方法。学生通过在特定情境中开展实践活动，从而获得实际的活动体验。多元智能课堂设计的"长作业"，一类是基础型课程延伸的学科类作业，另一类是专题类综合学习作业。这使作业活动化、趣味化、生活化，发挥了育人功能，突显了教学的实践性、创新性和经验性，从而培养学生综合运用智能解决问题的能力。

此外，学校还取消了"三好学生"的评选制度，积极探索评选"××智能之星""××小达人"，举办班级吉尼斯大赛等路径，为学生建立多元智能成长档案。此举旨在采用多元的评价手段，赋能学生个性化发展，让学生在科学的评价中收获自信与微笑。

❖ 第二节　多元智能理论与教学公平

教育公平是近年的热门话题。教学公平则是公平在微观教学层面上的表现。重新审视学校的教学，就会发现在学习上有相当一部分学生很难享受到教学公平。长此以往，这部分学生就会滑向教学的边缘地带，不利于他们的自身发展。多元智能理论为教师提供了学生评价的多元视角，引领教师反思现行的教学思维和教学策略。引申到课堂教学中，多元智能理论要求教师尊重差异，努力看见每名学生，给学生平等发展的机会，使学生都有成功的机会和成功的可能。

一、尊重学生的差异

公平是以承认差异为前提的。传统的教学通常是全班学生面对同一个教师，接受同样的教学方式，使用同样的教科书，完成同样的作业，甚至达到统一的教学目标。全班学生形成"一个口号齐步走"的格局。毋庸置疑，这样的教学会出现"优等生吃不饱，后进生吃不了"的局面，造成课堂上"优而不优、差而更差"的现象。尺有所短，寸有所长。物有所不足，智有所不明。多元智能理论认为，每个人与生俱来都不同程度地拥有八种智能，人各有智，智各有异，学生的差异只是学生智能优势表现的领域不同而已。苏霍姆林斯基也说："为什么早在一年级就会出现一些落伍的、考不及格的学生，而到二、三年级有时候还会遇到落伍的无可救药的，因而教师干脆对他放弃不管的学生呢？这是因为在学校生活的最主要的领域——脑力劳动的领域里，对儿童缺乏个别对待的态度的缘故。"

记得有这样一项调查：当调查教师是否爱自己的学生时，90%的教师都自认为爱学生；而当调查相应班级的学生时，却仅有10%的学生能够感受到教师的爱。在爱与被爱之间，感觉上存在着天壤之别。很多教师不理解，是学生的铁石心肠，还是教师的一厢情愿？每天在学生身上投入了大量的精力，教师恨不得"长"在教室里；相反，学生却认为教师真讨厌，不给他们一点自由的时间。爱与被爱有些时候就是一种感觉，一种幸福的感觉。而在现实中，学生并不像我们想象的那样快乐，教师也并不像我们期望的那样轻松。

仅从作业说起，学生每天要应对多种课程的学习，每类课程或多或少地都会布置相应的作业加以复习或巩固，这样每位学生平均都要完成数样作业，无形之中就是一种负担。"上有政策，下有对策。"学生在有限的时间内对某些作业只好草草应付。单单是语文学科，布置学生抄写词语是最常见的作业，一个学期下来每个词语都要抄写几十遍，可是到了考词语时，还是有一部分学生不能够全部掌握。著者想这里面就有一个学习兴趣和学习方法的问题，教师首要考虑效率不高的症结在哪儿？

著者曾做过一项研究，随机抽取本班九名所谓"学困生"就当堂课学习的八个生词进行默写测试，结果是八个生词，最快的认为三分钟全部会默写，最慢的认为十三分钟全部会默写。其中五名同学一个没错，错得最多的一名同学错了四个，还有三名同学仅错了一个。而著者并没有统一规定他们抄写的遍数，他们自主选择的方法也是多种多样的：有的读、写、看后默背；有的记完后又抄写了四遍，然后让同桌考着默写一遍；有的读完拼音后写了一遍，再读两三遍就会了；有的先记住字形，用心默，而没有抄写；有的自己先抄写一遍，然后让同桌考着默写一遍，再有错字又写了两遍；有的先写拼音，再对照拼音写字，有写错的再强记，多写几遍……惊喜的发现，他们各有各的方法，比统一要求下的学习效率要高出许多倍。从这个研究结果说明，词语抄写的遍数与默写正确率是不成正比的，关键看学生有没有用心地学习，是不是怀着浓厚的兴趣去记忆的。兴趣是最好的老师，以一斑而窥全豹，任何的学习都是这样。

欣喜的是，一些学校已深刻地意识到这一点，打破常规，将作业的选择权让位给学生，让学生根据自身的情况选择作业的内容。既避免了强制性机械作业的无用功，还可以让学生空出更多的时间来读书看报，更好地关注生活，提高自身的素质，做自己喜欢做的事情。试想这样，学生还会感受不到老师的爱吗？其实有一种爱叫做放手。苏霍姆林斯基在《给教师的建议》中说："要克服负担过重的现象，就得使孩子有自由支配的时间，教会孩子利用自由支配的时间。"学生是有着完整的人的生命表现形态、处于不断发展中的人，学生有了自主权，有了选择权，也要求教师要更好地发挥指导与监督的作用。我们把这种"自主"延伸到多元智能课堂中，每名学生都是一块需要打磨的"金子"，教师通过富有个性化的教学设计，唤醒学生的挑战意识，培养学生的自我效能感，让学生感受到每一次学习的机会对自己都是均等的，课堂是因自己而公平存在着的。学生在教师精心设计的众多挑战任务面前总会找到自己的最爱。教师还可以根据每名学生的智能特点设计个别化的教育方案，如组织形式多样化的活动、布置富有挑战性的作业、带领学生进行实践探究性的学习等，都可以促进学生多元智能的发展，为学生迈向成功奠定坚实的基础。

冲动的"惩罚"

不知为何，一贯课堂表现积极的乔天今天突然大模大样地打起了哈欠。王老师平时上课最反感的就是出现打哈欠、摆弄手指等不专心听讲现象。往常，王老师会巧妙地在其他同学毫无知觉的情况下给他一个小小的暗示，告诫他下次注意。可这次王老师决心好好地"警告"他一番，因为类似于"专心听讲，刻苦学习"的话王老师不知说了多少遍，但乔天还是明知故犯。王老师气不打一处来，大声点名训斥，言词犀利，丝毫没有给他保留"男子汉"的自尊。可想而知，伴随而来就是同学们的嘲笑声。只见乔天浑身的不自在，坐立不安，面颊微微泛红，默默地低着头。此刻假如有一道地缝，乔天肯定恨不得一下子钻进去。王老师喝住了同学们的"放肆"。

猛然间，王老师意识到这次自己做得有些过分，很可能极大地伤害了乔天的自尊心，大庭广众之下，乔天已无地自容。这时，王老师多么想给乔天一个台阶，弥补刚才的过失。于是，王老师准备让乔天回答一个问题，王老师相信，乔天会以出色的表现征服同学们并为自己打一个漂亮的"翻身仗"。王老师多次叫乔天，他却无动于衷，课堂一片沉寂，看来乔天真的生气了，跟王老师耍起了性子。王老师顿觉颜面无存，遂允许他坐着回答。王老师想，乔天只要回答，这件事情也就这样过去了，可乔天还是闭口不言。此时，王老师的威严彻底扫地。王老师准备"杀一儆百"，乔天被逐出了教室。王老师稳住情绪，强颜欢笑为同学们上课，可心思却仍然在乔天身上，仍然难以平息心中的怒火，仍然难以理解乔天的所作所为。

约两分钟后，乔天身影一闪不知去向，此时，恰逢下课铃声响起。王老师的内心矛盾极了，学生人身安全如此重要，万一乔天发生了什么意外，那该……王老师不愿再想下去。王老师心急如焚，疾步赶到传达室，却被告知没有看见一名学生出校，那乔天会跑到哪里去呢？对，发动几名男同学帮助找一找，五分钟后，一名学生说乔天在校长室。在校长室？王老师很愕然：原来乔天出去告自己的状，他倒挺有自我保护意识，受不得半点委屈。王老师走到校长室门口，只听乔天振振有词："我上课打哈欠是我不对，可是老师当着全班同学的面批评我，弄得我很没面子，老师也不对！"校长见王老师进来，并没有说话，看来，校长也是"清官难断家务事"了。王老师向校长请示由自己解决这件事，但正常的教学工作也不能耽误。有句话说得好："知错就改，善莫大焉。"老师向学生认错也没什么丢人的，学生和老师在人格上是平等的，学生们是一个个鲜活的生命，他们有自己的个性与思想，他们也追求真、善、美，追求民主、平等与自由。王老师领着乔天来到了教室，诚恳地说："同学们，上节课我和乔天之间发生了一点不愉快。是老师不对，说话不该那么重，做事也不该那么冲，完全没有顾及乔天同学的感受；如果换了我（被当众批评），我也会受不了的。唉，都是冲动惹的祸。老师知道，乔天同学到校长室并不是真正想让我难堪，他只是想找个说理的地方。他的想法合情合理，既然身为人师，就该处处为同学们树立榜样，老师做错了事也应主动承认错误。我明白乔天的意思。首先，今天我不该当着全班同学的面不留情面地批评乔天；其次，不该剥夺乔天上课的权利。感谢乔天给我上了一课，使我认识到以前对你们不够尊重、不够民主，以后我和同学们一定平等以待，友好相处。老师绝不再以威严压人，一定努力克制住自己的情绪，更加尊重同学们。同学们，真希望乔天同学忘掉今天这件不愉快的事，全身心地投入到学习中去。请乔天和同学们原谅老师的冲动！"王老师看到乔天的嘴角在动，终于，乔天缓缓地站起来说："老师，我一定好好学习，我也要向你道歉……"

教室里顿时响起了一阵热烈的掌声，宛如一股凉爽的风，吹走了烦恼与忧愁，送来了理解与宽容。王老师和同学们之间的情谊更深了。

二、赋予每名学生平等发展机会

课堂中的提问源于苏格拉底的"产婆术"与孔子教弟子时的一问一

答。"提问"是教师将要传授的知识转化为学生想学习的知识的方式，是教师使用频率最高的教学方法。多元智能课堂要为思维而教。思维是智能的核心要素，而问题则是思维的起点。

华东师范大学课程与教学研究所国际课堂分析实验室杨晓哲教授团队分析了全国各地1008节语文"好课"常模，发现在40分钟的课堂中，平均讲授21分钟，互动12分钟，个人活动5分钟，小组活动2分钟。平均每节课33分钟内学生都是听中学，都在"同"学，把一个班的学生当成1个人，老师在课堂上处理"异"学的空间非常有限，至多7分钟。同时，该团队发现，从一年级到九年级，9年间语文公开课模式差异不大，每节课平均33分钟的"听中学"时间，有悖于语文课程的综合性、实践性本质，学科实践、跨学科主题学习、深度学习等育人方式变革难以落实。"一课百问"的现象比较突出，八、九年级尤为显著，"问而没答"的比例有32%，"答而不理"的比例有21.4%；特别是一、七年级，有一半学生的回答教师没理答。总体来看，课堂太"忙"，由于问题的思维含量太低，一分钟有2.5个问题，思维空间受限，所以课堂对话质量不高，从而容易培养出"知道分子"，而不是"知识分子"。

美国教育家帕克说："一所学校，只有当它不仅对学生个人来说是最好的，而且对全体学生来说也是最好的，这所学校才称得上是符合公民的标准，这样对学生才是公平的。"通过对课堂提问现状的调查，教学是否公平可以以一斑而窥全貌。

围绕"家乡文化参与"大概念统领的综合实践活动，遵循四年级学生的年龄特征和成长规律，尊重学生的兴趣、爱好和需要，以"杭州自助游"为主题，指导学生进行活动策划。根据综合实践活动课程特性，基于学校和学生实际情况，从价值体认、责任担当、问题解决、创意物化维度，设计本次活动目标。价值体认：学生具有游览杭州部分著名景点的切身体验，并对景点的方位、路线、品质及周边环境等有初步的了解，培养热爱家乡的情感。责任担当：学生初步具有自理能力和组织规划能力，表现出积极参与社会的意愿。问题解决：学生通过多种途径自主了解杭州著名景点，搜集杭州著名景点的图文资料，初步形成有计划地解决问题的习惯，能够自主地规划"杭州自助游"活动。创意物化：设计科学合理的"杭州自助游"方案。

活动重点是学生了解杭州著名的景点，并能够游历、体验部分著名景点。难点是根据活动策划的要求，完成"杭州自助游"活动策划书。通过学生"自主学""合作学""学进去""讲出来"等学习活动的设计，有效地突破教学重难点，更好地达成学习目标。

1.创设情境，激趣引路

教师调查学生假期一般都去哪里游玩，得知学生一般都喜欢国内非常著名的景区，但这些景区往往人满为患，不能玩得畅快淋漓。其实，杭州就有许多不错的风景在全国也很有名气。接着，教师播放《美丽杭州》宣传视频片断，激发学生的兴趣，调足学生探究的欲望，并追问：如果让我们策划一个"杭州自助游"的最佳方案，同学们有信心完成吗？揭示今天的活动主题："杭州自助游"策划。

2.小组交流，分享收获

课前让学生搜集并整理了有关杭州景点的图文资料，并且在活动前期，学生都在家人的陪同下到杭州的一些景点去游览，对景点的位置、路线、品质和周边的环境都有了初步的了解。这时，就需要激活学生的生活经验，提取学生头脑中的有效信息，为后期的策划提供坚实的知识基础。本环节的活动分为两部分：一是让学生在研究小组内分享杭州景点的图文资料以及游览体会；二是让学生反思讲述游览过程中存在的问题及需要改进的地方。其实，这也是"自主先学"的过程。

3.导学明法，尝试策划

在学生充分反思交流的基础上，教师以主问题引领：策划"杭州自助游"活动，我们要做哪些准备呢？学生可以根据前一阶段的实践活动，总结归纳出要从"选景点""定路线""备物品"等方面准备。教师相继引导，进一步追问，明确"选景点"的原则是根据兴趣，增长见识，"定路线"的原则是目的明确、省时高效，"备物品"的原则是简单轻便，必备实用。当然，这些都需要学生总结得出，而不是教师的灌输。这时候，教师又为学生提供两份策划神器，即《杭州旅游景点指南》和《杭州旅游景点分布图》。学生在明确策划规范的基础上，根据教师提供的"学习拐杖"，自主学、合作学、质疑学，科学地完成"杭州自助游"策划书。

4. 个性表达，完善方案

构建开放的学习空间，学生的创意就会无限，提倡学生的个性表达。本节课教师完全尊重学生的意愿，不给学生限制"杭州自助游"的时间，学生可以策划杭州一日游活动，也可以策划杭州两日游活动，更可以策划杭州三日游活动。同时，不给学生限制"杭州自助游"策划书的呈现形式，既可以是表格式的，又可以是思维导图的，也可以是文字式的，只要策划得科学、实用、清楚，都算得上很好的策划书。各小组制订好策划书后，要分组派代表进行展示交流，教师和学生一起进行反馈，提出合理化建议，进一步明确策划操作的要求和要点，修改完善。

5. 尊重差异，多元评价

评价，对于一次活动至关重要，要尊重学生的差异，张扬学生的个性。采用多元评价、分层评价，既有小组的整体评价，也有学生个人的评价。注重学习过程中的小组评价，对于交流积极、合作规范、策划优异的小组分别评价，同时评选最佳"杭州自助游"策划方案，通过网络平台向全校学生和家长发布。

三、彰显"天生我材必有用"个性魅力

在新课程改革大背景下，教师应该反思：是做传授知识的经师，还是做启迪智慧的人师？是让学生成为分数的奴隶，知识的矮子，还是注重智能的开发，授人以渔，乃至授人以渔场？肖川说："学生是有着完整的人

的生命表现形态，处于发展中的、以学习为义务的人。"①让每名学生都能学好，这应该作为教师的个人信条。教师应在课堂的"渔场"中实践发展学生智能的方法，创设场景的动力氛围，唤醒学生的生命意识和生活经验，用场景去建构学生的生活方式，相信所有学生都是"有潜力的学习者"，让学生在展示生命活力、呈现生活内涵、回归生态和谐的学习场景中完成"自主建构"，使每名学生都能在原有的基础上公平地得到最佳发展。作为平等对话中的鲜活生命，每名学生都有权利要求接受适合其个性特点的教育，最大限度地实现个人的价值。因为"教学和教育的技巧和艺术就在于，要使每名儿童的力量和可能性发挥出来，使他享受到脑力劳动中成功的乐趣"。②

成就动机理论认为，每个人都有成就的愿望与内驱力，并努力追求成功，避免失败。帮助每名学生获得成功，这是教学公平的最高境界。人的智能是多元的，也是不断发展的，人的八种智能在每个人身上又以不同的方式组合，弱项智能也可以在强项智能的影响带动下，慢慢被启动，变成强项智能。多元智能课堂对教师的素质提出了更高的要求。教师要基于自身个性与特长，促进学生脑功能的协调发展，寻求学生各项智能间的融合点（如身体—动觉智能、音乐智能结合点——舞蹈），组织有效的教和学，帮助每名学生达到智能的协调和融合。例如，一位老师设计了英语项目式学习，打破了以往听讲、背记、习题、抄写等传统学习活动智能单一的特点，调动学生多元智能的共同参与，使学生的语言智能、空间智能、人际认知智能和自我认知智能等都能同时得到锻炼。这就要求我们尽可能设计和实施与学生智能强项相适应的教育，努力使所有学生的智能得到充分发挥。

多元智能理论作为一种成熟而又系统的新教育思潮，与基础教育课程改革理念一脉相承，相得益彰，值得我们认真思考与借鉴。

---

① 肖川. 教育的理想与信念 [M]. 长沙：岳麓书社，2002：270.
② 苏霍姆林斯基. 给教师的建议 [M]. 杜殿坤，编译. 北京：教育科学出版社，1984：3.

❖ 第三节　多元智能理论的在地化

《李岚清教育访谈录》中写道："霍华德·加德纳的理论，对人的个性特长提供了一个更开阔的图像，进一步证明了'天生我材必有用'和'行行出状元'的观点。它给了我们一些重要的启示，为我们实施素质教育提供了一定的参考。我们在课堂教学的安排中要面向全体学生，因材施教，让每个人的潜能有获得充分发展的机会。"多元智能理论为我国的基础教育课程改革，特别是课堂教学改革提供了科学的理论依据。

自2006年至今，我们潜心于多元智能课堂的研究，颠覆了课堂教学的传统思维，遵循儿童学习科学规律，触摸儿童学习的真谛，逐渐构建了适合小学的多元智能课堂教学生态。

一、在"十一五"期间，我们向学生传递成长型思维：每名学生都能成为聪慧的学习者

教育的理想是为了一切的人，无论是城市的还是乡村的，聪明的还是笨拙的，我们相信每名学生都是"潜在的聪慧的学习者"。他们之间没有差生，只有差异。课堂中尊重学生的差异，着眼于学生长远的发展，让他们真正享受到教学公平。

这一阶段，我们主要是汲取多元智能理论精髓，重新审视课堂教学现状，从有效教学的视角，提高课堂教学生态，从而转变教师的教学观、人才观、学生观和质量观。教师在去往教室的路上，不仅要考虑如何教，更要考虑学生如何学，怎样让学生更聪慧？为此，我们主要在以下三个方面作了探索。

第一，有效鉴别学生的优势智能。我们以省教育科学"十一五"规划重点课题"基于多元智能理论的小学有效课堂教学实践研究"为引领，寻求"多元智能理论"与"有效课堂"的契合点，尊重学生的天赋智能差别，着眼于学生的学习方法、学习志趣、学习品质等可持续性的发展。在高校专家的指导下，充分借鉴发达省市、港澳地区以及国外研究经验，站在儿童立场，分别在低、中、高年级段设计小学生优势智能鉴别自陈问卷，以及教师、家长观察调查问卷。采取问卷法，辅以观察法、访谈法和文献法，运用SPSS统计软件，测评正式问卷的效度和信度，证实与教师、家长评定结果的内部一致性，较为准确地鉴别学生的优势智能。

第二，搭建课堂教学整体结构。首先，我们从课堂文化的角度提出了多元智能课堂的教学思想和教学主张，确立了"学为中心"的方向，明确了其内涵、理念及操作框架。其次，邀请高校专家诊断课堂教学的问题，与课题组核心成员提炼"多元智能课堂"的精髓，以多元智能理论为指导，研究并分析每名学生的智能结构，扬长"补"短，因"智"施教，融合知识的传授、情感的交流、智慧的培养和个性的塑造，关照学生的全面发展，为每名学生的整体发展创造空间。再次，彰显多元智能课堂灵动、和美、实践等特质，提炼出"效益至上，方法多元，因'智'施教，推进公平"的教学基本理念。"效益至上"，即关注学生的可持续性发展，赋能学生社会生存的竞争力和软实力；"方法多元"，即强调教学方法和学习方法的综合运用；"因'智'施教"，即依据学生的优势智能或不同的智能结构设计教学；"推进公平"，即每名学生在课堂上都有可完成的学习任务，这种任务与学生的智能状况相匹配，是最适合的。最后，整体构建"激趣引路—导学明法—启智延展—多元评价"的操作模型。"激趣引路"模块，教师密切联系本节课的主导智能，尽可能地调动学生的潜质思维，抛砖引玉，给课堂一个积极的开端；"导学明法"模块，通过"知识树""维恩图""鱼骨图"等思维导图的方式，传授学生一些学习方法和步骤，学生学会运用智能工具箱进行有效学习；"启智延展"模块主要是学以致用，还原学生的生活世界，检验学生的迁移能力，考查学生运用智能解决实际问题的能力；"多元评价"模块主要对学生的真实学习情况开展表现性评价，彰显学生学习的可塑性、完整性和创造性。

第三，淬炼课题研究核心团队。首先，团队牢固树立"教师第一"的理念，为课题组核心成员量身定做三年专业发展规划，系统落实教育科学研究成果的奖励。其次，建立每周三研修制度，以读书报告、课堂观察、论文交流、同案异解等形式交互推进。最后，常态课堂研究化，例行教研主题化，主题教研专业化，增强课堂教学的目标性、专业性和规范性。"十一五"期间，团队10位核心成员均获得优秀课评比区级一等奖以上名次，均在省级教育报刊发表研究成果，均被评为区级以上教育科研先进个人；《小学生优势智能鉴别的调查与研究》等成果相继发表，部分成果入编"多元智能国际研讨会"（北京，2010）会刊，课题实验学校被评为"市教师读书优秀集体"和"长三角教育科学研究优秀团队"。

通过近四年的实践，我们进行了如下反思。

（一）改变儿童观、学习观，提高课堂质量

加强了儿童学习科学的研究，从关注"教师教"转向关注"学生学"，把每名学生看作独一无二的生命个体，把学生之间的差异转化为独特的教学资源。教学活动的设计从"机械化"走向"人文性"，教学策略的优化从"知识观"走向"实践力"，学习环境的创设从"个体户"走向"共同体"，课堂教学体现智慧的生成，面向未来的创新，着眼可持续性发展。

（二）教师应成为"反思实践者"

教师在多元智能课堂上虽然没有了以往的包办或代替，但仍重"导"轻"放"。教师依然没有完全退居"二线"。教师要加强对课堂的整体性认识，超越对认知性、技术性实践的依存，注重反思性实践，增长课堂教学的临床知识，优化课堂学习的社会建构过程①。

（三）学生应成为"知识建构者"

新的学习理论突出"分享的知识建构"，让学生深度参与课堂学习，学生在师生互动关系中成长。学生在课堂学习中，乐于知识分享，尝试知识建构，运用个性化的学习方式实现知识的再造，促进学科实践力的发展。

二、在"十二五"期间，我们为学生设计多元的学习活动：每名学生都能站在课堂正中央

我们希望每名学生都能处在学习的中心地带，拥有学习的自信、自主和自由；希望每名学生在学习中运用和发展多元智能，学会合作与分享，学会思考与创造，成为学习的"主宰者"和知识的"操盘手"。

这一阶段，课堂教学设计凸显学生的主体地位，以学促教，让学先行，从因材施教、学用相长、经验建构等维度系统诠释多元智能理论浸润下的课堂教学价值基础、能力表现与潜在品质。为此，我们主要作了以下尝试。

第一，优化课堂学习活动设计。我们以省教育科学"十二五"规划精品课题"基于多元智能发展的课堂学习活动设计研究"为引领，向学生提供最适合其发展的课程与学习活动，让学生建构自己独特的学习方式，找到发挥其优势和学习潜能的方法与途径。在"十一五"的研究基础上，我们对学生开启连续观察，做好轶事记录，从单项的优势智能评定升级到智能结构评判，加强对学生多元智能特征的综合把握，以活动设计为脚手架牵引学生深度融入课堂学习。如从学习目标、学习内容、学习方式、学习评价等维度，设计不同形式的学习活动。

---

① 钟启泉. 课堂研究［M］. 上海：华东师范大学出版社，2016：23.

第二，设计"多元智能课程"。根据加德纳提出的多元智能理论，结合本校实际，构建多元智能课程。关注学生差异发展的弱势领域，利用校园空间，设立多元智能广场、小记者站、种植生态园等；利用楼栋区角，设立多元智能学习站，如信息检索站、小剧场、感统训练室等；利用班级角落，设立语言智能、博物学家智能、空间智能等学习中心，设立"智能之星"展示评比区；同时，借助多元智能加油站、多元智能服务区、多元智能研究所等辅助训练场馆，通过有针对性的专项训练，发展学生的多元智能。

第三，多渠道推广研究成果。"十二五"期间，学校承办了市教育科研工作推进会、市小学课程推进会、区中小学内涵建设现场会等成果推广活动。课题组教师出版专著《多元智能理论的本土化应用》，编辑《多元智能活动手册》，课题被评为"省教育科学规划精品课题"，成果获得市级一等奖。教育部基础教育课程教材发展中心、省市教育科学规划办领导多次莅临学校指导，多次迎接省内外兄弟县市的教育考察团。课题组核心成员被评为省市教育科研先进教师、名优教师；实验学校被评为"省基础教育课程教学改革重大项目学校""区教育科研先进集体"。

通过近六年的探索，我们进行了如下反思。

（一）聚焦智能的教学设计

在教学设计时，要统筹学科思维、智能领域、教学目标、活动方案、教具准备、教室环境等因素，以"课程"和"智能"两条轴线组织学习，加强对每种智能表达方式的理解，明确每一种智能所使用的独特"语言"，让每名学生都有机会在他们感觉舒适的智能领域，运用他们的优势智能学习。

（二）丰富课堂学习样态

通过本土化的改造，为差异发展和多元智能理论找到适切的结合点，并基于学校课堂教学的变革探寻新的课堂学习模式。超越具体的教学策略和活动设计的局限，试图从整体课堂形态的视角构建多元智能课堂系统，为学生的多元智能发展找到一个可行的操作范式。

（三）开展多元智能量规评价

从"课程"和"智能"双重量规开始运作。取消"三好学生"评选制度，制定类似于书法、器乐分段升级的多元智能发展层级标准。评选"智能发展之星"，让每名学生都有个性化的称号。比如，以某一领域杰出者的名字设置各种头衔，像"小小莫扎特""小小姚明""小小达·芬奇""小小莎士比亚"等；还可以以每项智能的名字设置，如"人际之星""音乐之星"等，为学生建立成长档案袋，将学生活动、展示、探究、竞赛的成果计入学生成长档案。

三、在"十三五"期间，我们促进学生社会建构式学习：每名学生的核心素养得到差异化发展

我们希望每名学生核心素养的培育都能在课堂上落地。从儿童人格成长的角度，多元智能课堂给予学生不同的学习体验，既有书斋式的，也有田野式的，以此消弭学习落差，创设社会性情境，促进知识的建构。

第一，我们以省教育科学"十三五"规划课题"农村小学多元智能课堂教学形态构建研究"为引领，立足于农村小学课堂，以多元智能理论的本土创新应用为宗旨，从学生既有的智能差异出发，设计和实施多元智能课堂教与学的活动，变革学习目标定位标准、学习内容呈现方式、学习活动组织策略、学生个体评价指标和作业管理样态等教学范式，通过各种教学要素的组合，进一步丰富教学模式的表现力，增强课堂教学灵活性，呈现出清晰的课堂结构。丰富的课堂内涵和每名学生积极而有意义的学习过程，让他们通过自主学习、建构，达到较高水平的发展状态。

第二，构建两种不同的学习形态。基于"多元智能伴随学习"的理念，提炼出两种优化课堂学习的模式：一种是基于智能"补偿效应"的课堂学习优化，设计"唤醒—导学—链接—反思"的操作流程，依托"情境学习场、思维触发圈、智能学情单"等载体，确定"前测智能基础线、启动智能唤醒器、触发智能选择键"等学习策略；另一种是基于智能"催化效应"的课堂学习优化，设计出"沉浸—分享—实践—评价"的操作流程，依托"智能工具箱、创意淘宝站、生活实践园"等载体，确定"激活智能朋友圈、明晰学习差异性、操作活动新经验"等学习策略。这两种学习模式让学生运用已有的知识技能和经验，找到解决问题的方法。学生通过在特定情境中开展实践活动，从而获得实际生活体验和学习经验。

第三，指向核心素养的课堂学习评价。"核心素养的公布明确了学校的教育目标和任务，而多元智能则是实现这一目标的工具。多元智能理论有利于我们在培养核心素养的过程中，找到更加多元的切入点，从学生的强项入手，促进学生的发展。"[①]课堂是儿童成长的场域，评价本身就是一种教学方式。课堂中注重培养学生的成长型思维，研制儿童智能发展的基点和级点，不断修正多元智能课堂评价标准，厘清多元智能理论与核心素养之间的关系，解析关键能力的目标、内容与教学策略，增强评价的可视化。提高教师的评价专业素养，研制课堂观察记录工具，捕捉学习过程，培育学科实践力，提高自我效能感。

经过近四年的研究，我们作了如下反思。

（一）智能发展立体化

学生智能发展模型要从平面走向立体，呈现"激光"式的智能模式（聚焦一种或两种强项智能）和"探照灯"式的智能模式（具有三个或更多强度相等的智能）等复合的样态。通过学习目标的整合或弹性分层，依

---

① 万伟. 核心素养指引下的多元智能教育改革［J］. 江苏教育，2016（59）：72.

托不同维度的学习活动和学习任务，设计研究性学习、项目式学习等富有特色的综合性作业，聚焦个别差异、思维过程、多重体验、自我表现等方面改良动态的学习环境，营造个性发展的学习场，满足多层次的学习需求，拓宽多方位的学习时空，促进学生差异发展。

（二）学习形态多样化

未来社会发展需要的是复合型、创新型人才，未来的学习是一种泛在学习。泛在学习也是一种数字学习的延伸，它具有持续性、交互性、主动性、场景性等特性，既包括正式的课程学习，又包括非正式的资源学习和主题学习。问题解决能力和创新精神在未来世界将愈加重要。当下学校教育优质课程资源的匮乏，从某种程度上限制了学生的学习权。教师作为教学设计者，应从多元智能发展的角度，发挥教学实践智慧，盘活各种课程资源，丰富学生的学习样态。

（三）学习组织个性化

多元智能课堂最终会走向"协同学习"，小组合作学习是常态的学习方式，以成员之间的异质性、活动的多样性为前提，互惠互助，沟通反思；也会走向"综合学习"，如探究学习、发现学习、项目学习等，把理解现实生活中的真实任务作为学习和教学的驱动力。"加德纳把'学科智能'列为面向未来的'五种智能'之首，即运用学科核心观念、通过学科实践，培养解决复杂问题的学科高级能力与人性能力"[①]。利用"互联网+"教育平台，通过人工智能技术支持，推动线上线下混合学习，为学生提供个性化学习资源，如英语教师让每名学生注册喜马拉雅读书账号，学生每天上传朗读绘本的音频，每名学生都有了自己的小电台。这有利于分享、交流和激励，同时，创新网络动态评价方式，颁发数字徽章、数字证书、课程护照等。

---

① 张华. 论学科核心素养：兼论信息时代的学科教育 [J]. 教育文化论坛，2019（2）：130.

　　多元智能课堂的在地化探索永远在路上，它具有较强的时代感和发展性，其本质在于引领学生激活成长型思维，走向学科理解，体现生活化、社会化和实用性。课堂教学面向学生个体，通过主题牵引、项目驱动，对课程整体设计，综合实施，重点培养学生在真实情境中运用智能解决复杂问题的能力，促进学生综合素质的全面提升。

第二章 构建多元智能课堂教学形态

❖ 第一节 多元智能课堂精髓

基于多元智能理论的课堂实践与应用，从课堂文化的角度提出多元智能课堂教学思想和教学主张，确立了"学为中心"的思想，明确了其内涵、理念及操作框架，围绕"学什么""如何学""学得怎么样"等哲学命题，从"因材施教""学用相长""经验建构"等视角，由关注课堂外部形态转向课堂内部系统，赋予多元智能课堂更加丰富的灵魂，让多元智能课堂更加有血有肉、有情有义。

一、因材施教：多元智能课堂的价值基础

（一）开放空间，丰富内涵

多元智能课堂以多元智能理论为指导，研究并分析每一名学生的智能结构，扬长"补"短，因"智"施教，融合知识的传授、情感的交流、智慧的培养和个性的塑造，关照学生的全面发展，为每名学生的充分发展创造空间。以尊重差异为基点，以学习活动为拐杖，以解决问题为目标，以面向未来为追求，以美美与共为理想，彰显其灵动、和美、实践等特质。

（二）尊重差异，着眼未来

多元智能课堂从终点思考，起点出发，大道至简，每名学生手中都有一把学习的"利剑"，即优势智能。其基本理念有："效益至上"，即关注学生的可持续性发展，旨在提高学生走上社会后的竞争力和软实力；"方法多元"，即教学方法和学习方法的组合运用；"因'智'施教"，即依据学生的优势智能或不同的智能结构设计教学思路；"推进公平"，即把眼光投射到每名学生身上，每名学生在课堂上都有可完成的学习任务，这种任务与学生的智能状况相匹配，是最适合的。

（三）活动主导，注重展示

多元智能课堂的理想状态是"手段"优先，兼顾"目的"，设计能够体现或者发挥不同智能强项的活动，给不同的学生以充分的机会去展示，应用所擅长的智能进行学习。基本环节为：激趣引路—导学明法—启智延展—多元评价。当然，没有一成不变的理念，也没有一成不变的框架。在变与不变之间，更重要的是基于学习目标、学习内容、学科特点，乃至课时差异，让多元智能课堂的环节呈现出多元的形态。考虑学生在课堂上实现"天生我材必有用"，考虑学校如何致力于每名学生的个性发展并为其提供丰富的学习活动。

二、学用相长：多元智能课堂的能力诉求

（一）设计活动：指向能力的生成

多元智能课堂学习活动设计从关注教材、关注学科向关注学生需求、关注多元发展转变，更好地迎合多元智能理论"每个孩子都是潜在的天才儿童"等重要思想，更好地促进学生智能的发展。多元智能课堂是活动着

的课堂，学生的能力只有在活动中才能得以培养。从学习目标维度，可以设计知识、默会和应用等不同目标的学习活动；从学习内容维度，可以设计问题主导、主题探究、经验串联等不同内容的学习活动；从学习方式维度，可以设计操作、探究、展示等多种方式的学习活动；从学习评价维度，可以设计互动、再现、静默等不同形式的学习活动。

如学习课文《云雀的心愿》时，引导学生探究"森林就是森林，怎么能说是'森林水库'呢？"这个问题时，教师让学生既可以用"可以……也可以……"的句式说，又可以用思维导图来表示。为学生的学习提供多一种可能，就多了一分精彩。有的空间智能较强的学生画了一棵大树，清晰地注明了"树冠——挡水，苔藓、枯枝败叶——吸水，土壤——蓄水"的逻辑关系，形象地回答了以上问题。再如，在学生学习二年级数学"角的初步认识"时，教师设计游戏性学习活动"摸奖"，学生能够讲述触摸到的图形特征；设计操作性学习活动，学生能够画角或折叠角（依照优势智能，学生自主选择）；设计知识型学习活动，学生能够讲述"角"；再通过探究性学习活动，学生组内合作制作和验证"角"。

（二）回归生活：指向能力的应用

霍华德·加德纳将"智能"定义为"一种处理信息的生理心理潜能。这种潜能在某种文化背景之下，会被激活以解决问题或是创造该文化所珍视的产品。"[1]多元智能课堂则重在引导学生运用关键能力解决问题，这种能力就是能够针对某一特定的目标，找到达到这一目标的"路线"。

指向能力应用的多元智能课堂彰显情境化、活动化，并且面向学生完整的生活世界。在四年级综合实践活动"我的游戏我设计"中，教师作了如下设计：（1）激趣引路——走进游戏，通过师生共同创意演示"剪刀、石头、布"游戏（用"低头""仰头""歪头"动作分别表示"剪刀""石头""布"），激发学生创新设计意识；（2）导学明法——设计指导，学生

---

① 霍华德·加德纳. 重构多元智能 [M]. 沈致隆，译. 北京：中国人民大学出版社，2008：27.

自主研商，明确设计一款拥有自主知识产权的游戏应该考虑的核心要素；（3）启智延展——设计游戏，学生完成设计导图，小组合作验证、演示游戏效果，提出游戏改进策略；（4）多元评价——推广设计，学生在技术维度和发展维度的评价中懂得美好生活的设计需要较强的规划能力。在课堂上，学生拥有广阔的学习空间和自主特权，有合作，有交流，有创新，也有游戏的场景再现。每名学生都有各自的学习坐标，最终为学生的学习服务。

（三）智能训练：指向能力的拔节

在多元智能理论的支撑下，通过一些特定的与学习相关联的智能训练项目，可以保障课堂学习更加有效，更加准确地把握学生的差异与个性特征，促进每名学生达到最佳学习状态。智能的训练主要在课堂中。例如，《海底世界》是一篇说明文，如果单纯地就课文学课文，学生只能从文本中得到一些关于海底世界的知识。如何让学生以课文为中心深度学习，获得更多的知识？教师决定让文本成为学生了解海洋的一个窗口，激发他们创作的潜能。在学习课文之前，教师先设计了一份学习单：活动一，主要是让学生通过朗读课文，了解课文介绍了海底的哪些生物，整体把握课文的主要内容；活动二，重点让学生掌握海底动物的活动特点及作者的说明方法；活动三，在学习课文的基础上，让学生通过收集、整理资料，为海底动物设计一张名片。这个活动是一项综合性的学习活动，可以发展学生的多种智能。

再如，《歌唱二小放牛郎》是一首歌词。教师通常是先引导学生解析课文重点语句，体会王二小的机智、勇敢，敌人的狡猾、残忍。再背诵课文。背诵课文应是主要的目标之一，而且又是个难点目标。事实上，这么长的歌词，很多老师都无法让所有学生当堂背诵。如果换一种思路，让学生跟随着《歌唱二小放牛郎》的旋律学唱这首歌，然后再完成一份主题手抄报，在"唱唱写写"的活动中，目标就达成了，智能也得到了发展。同样，《老师，您好！》是一首赞美老师的诗歌，教师可以在教学中举办一场

"诗歌朗诵会",开展一次以"教师节"为主题的综合学习活动。这就有助于学生多种智能的提升。

当然,多元智能的训练也可以在课堂外。智能服务区、智能加油站、智能学习中心等的创设都可以作为有效的补充。

三、经验建构:多元智能课堂的潜在魅力

(一)教学面向个体

教师了解每名学生的优势智能,分析每名学生的智能分布特点,为每名学生搭建学习的平台。教学中多一些"私人定制",可以让每朵浪花都澎湃,让每种色彩都绚烂。如,数学综合性学习"了解你的朋友"活动前,教师深入了解学生,发现教材上呈现的调查内容并不适合本班学生。同时结合班额较大等实际情况,教师对教材进行了必要的改造。例如,你的好朋友会不会打乒乓球?结果全班没有一名学生会的。于是,教师就把这一项调查内容改成了"你喜欢什么运动项目?"并给予一定的方向指引,例如,踢毽子、跳绳、跳皮筋等。教师还和学生真诚交流:你最希望了解好朋友哪些方面的信息?调研的问题大多集中在"家里有哪些人?""性格怎么样?""生日是什么时候?"于是,教师就尊重大多数学生的意愿设计并布置学习任务。

课前,教师给每名学生发了一份学习单,告知学生此次调查的内容、目的和方法,并辅以一个半成品的表格。在学习单的引导下,学生自由发挥。他们可以采访,可以互相交流,可以对调查者旁敲侧击,运用多样的方法收集数据。他们自如地应用优势智能完成学习任务,用文字、绘画等不同的方式呈现了好朋友的喜好。殊途同归,他们均收获了一份真实的原始数据。

展示的环节,教师鼓励学生用自己擅长的方式呈现,有的摆了一个拉

丁舞的造型，有的朗诵了一首诗，有的唱了一首歌，有的直接拥抱好朋友，使得原本"理性"的数学课堂多了一丝"柔软"，有了一些温度。

（二）有效整合内容

现行的课程远远不能满足学生发展的需求，课堂生态系统的每一个因子，都会成为改革的着力点。学科课程性质、学科课程的课时课型、学科教学内容特点、学生智能现状、学校课程实施状况乃至学校文化底蕴都会影响课堂的进行方式。首先，目标的制定指向素养本位，因学习内容、学生智能分布情况，甚至教材的体例结构而确定。其次，多元智能课堂打破课时的界限，摆脱教材的束缚，更多的是思考某一类内容的学习，为学生开辟更多的学习领域。如学习《海底世界》时，学生不只学习书本上的那一点点知识，他们还通过自己的研究性学习，把收集的资料和文本进行有机地整合，让自己的动物名片内容更加丰富。学生在绘画动物外形、筛选整理资料、排版布局的过程中，综合运用空间智能、逻辑—数学智能、博物学家智能等多种智能。他们在自我展示过程中，身体—动觉智能和语言智能也得到了更加充分的展示，整个学习过程，学生恍若在打一套智能的"组合拳"。类似的说明文，教材中还有很多。在教学设计时，教师完全可以采用类似的单元整体设计的方法，况且设计动物名片还是其中的一篇习作，安排到这个学习活动中来，可谓一举两得。多元智能课堂提倡基于项目的学习、主题式的教学，以打通学科和教材的壁垒。

学生们经历一个从认知到实践的过程，这个过程释放了课程功能，彰显课程特点，有深度地完成了课时教学目标。在确保目标达成的基础上，我们考虑了学生的学习幸福指数与发展程度，更好地促进了学生核心素养的发展。

（三）丰盈阵地意象

多元智能课堂本身，并不足以充分发挥学生的智能优势，也不足以充分发展学生的多元智能。课堂不再是教学的唯一主阵地。整个学校,包括和学校发生关系的社会、自然,都应该成为教和学的阵地。丰富的阵地意象不会削弱课堂教学阵地的作用,反过来会提供宽阔的背景和支撑,进一步推动深化课堂教学阵地的发展。具体的教学实践中,教师可以设计一些"微课程",在学校有限的时空内,尽可能多地为学生提供课程菜单,如"读书小报""画中有话""诗配画""古文诵读""快速作文""即兴演讲""英语表演秀""悦读抒写"等,都可以为学生的发展提供个性平台,多元智能学习社区、多元智能训练课程等都指向学生经验的建构,从"知识中心"走向"经验中心"。

多元智能课堂的实践,将彻底颠覆一些不良课堂生态,从少数学生主宰走向每名学生参与,从关注知识习得走向关注学生能力生根,从千人一面走向百花齐放……着重破解学生不想学、不会学、学不好的难题,解决教师教学无个性、无主张、无创新的现状,最终多元智能课堂会拥有更多的自主话语权,从而更能经得起教育理想和实践的检验。

❖ 第二节　多元智能课堂迭代

学校变革几乎都指向课堂现场。对课堂的研究是一种名副其实的教学实践研究。综观当下的课堂研究现状,在各种先进理念的簇拥下,一些学校从教学文化的高度出发,对业已形成的教学模式和教学课型进一步完善,提出了"课堂教学形态"比模式和课型更上位、更概括、更倾向于以理念为要义的概念。当下,学界对课堂教学形态的探索蔚然成风,如"生长课堂""养正课堂""全纳课堂""理解课堂""智慧课堂""思维课堂"等。通过中国知网文献检索,参考东北师范大学邹天鸿、杭州师范大学陈新霞、河南大学张瑞等学者的研究观点,我们发现课堂教学现状的研究起步晚、成果少，课堂低效，课堂理念和模式滞后，是当前部分小学的突出问题。

一、国内外相关实践

多元智能理论在美国得到了广泛认可。在美国罗索小学、卓越示范小学等六所成功实践多元智能理论的学校里，从学校管理到教师专业发展，从课程设置到教学方法改变，从班级编制到活动设计，从家长评价到学生成就……角度多元、令人信服地展现了多元智能指导下的"学校改革全景图"。美国的多元智能研究专家托马斯·阿姆斯特朗博士将多元智能理论应用于课堂实践中，倡导开展以学生为中心的教学。美国的琳达·坎贝尔等学者探索了每种智能应用于课堂教学的策略，认为要通过掌握"智能公平"的方法来认识学生及其天赋，设计课程和评价方法，以此培养学生特殊的能力。美国的教育专家萨莉·伯曼根据项目学习与多元智能理论，开发了旨在引导学生学会解决问题的项目，与学生的日常生活相联系，重视学生的学习兴趣和经验，促使学生产生出色地完成项目或制造出产品的情感体验。美国的贝兰卡等学者以多元智能理论和真实性评价的相关理论为依据，从可操作的角度探讨了为每一种智能设计特定的表现标准及应用于课堂教学的问题。美国的罗宾·福格蒂等学者倡导通过课程整合模式开发跨学科的主题教学单元，把支离的教学内容联结起来，采取整体性的教学方法来传授，并实施有效的评价策略，以发展学生的多元智能。美国的哈维·席尔瓦等学者通过设计兼顾学习风格和多元智能的课程以满足学生的需要，如思考型学习风格者通常具有很高的逻辑—数学智能，情感型学习风格者常常表现出很强的运用人际认知智能或人的自我认知智能的偏好。美国的多元智能理论研究专家戴维·拉齐尔探讨了在教学中使用多元智能理论的学年课程计划、单元活动模式、多元智力学习站或学习中心以及全校聚焦等几种模式。美国教育专家爱卡罗琳·查普曼综合了八种智能的学习方法，通过巢窠、共享、张网等方式进行整合，并将多元智能融入各种学习经验中去。多元智能理论在其他国家也得到了较好的实践。日本千叶县的绿町初中将多元智能应用于学生的日常生活与科学项目的学习中，72%的学生认为以多元智能为中心既有用又刺激。菲律宾的多元智能国际学校提倡尊重学习者个体，推进为理解而进行的教和学。在澳大利亚，依据多元智能理论所提供的框架，教师学会了在全纳式课堂中真正地重视学习者的多样性，并且恰当地对学习者的多样性作出反应。

在国内，借鉴多元智能理论开发学生潜能实践研究暨DIC国际合作项目组总负责人陶西平探索了多元互动情境化教学模式和多元智能问题连续体教学模式，以及借鉴多元智能理论开展教育质量评价的新理念和新方法。上海师范大学夏惠贤教授在其博士论文《多元智能理论与个性化教学》中对多元智能理论的内涵、理论基础、个性化教学理念、教学策略等方面进行了系统阐述。西南大学兰英教授对美国多元智能学校课堂环境设计的目标、内容、原则、方法、运作条件及实效性进行了分析，认为智能的发展不仅要通过人与人之间的交互作用，还要通过人与环境间的交互作用。北京市和平里四小在营造多元化的学习环境、建构多元化的教学模式、实施多元化的评价方式方面作了积极的探索与实践。浙江省东阳市实验小学借鉴多元智能理论，针对学生个性发展的特点，在进行教学改革的同时，尝试以性质评定统整、取代单一量化评定的新型评估方法。江苏省沙溪实验中学在多元智能理论指导下，开展分层次教学和任务型教学，提倡多媒体网络教学。

当前，国内外关于多元智能教学理念、教学策略、操作程序、活动方式、课程开发等方面的研究已相对比较成熟，但在小学这方面的研究比较少。行至今日，对于小学教师而言，在实践层面构建多元智能课堂教学形态的时机已经成熟，需要正视城乡差距、地域差距，挖掘小学课堂优势资源与独特价值，在总结、凝练前期研究成果的基础上，超越具体的教学模式、教学课型、教学策略和活动设计的局限，从整体课堂教学形态的视角完善多元智能课堂体系，以期为学生的多元智能发展找到一个可行的操作范式。

立足于小学课堂，以多元智能理论的本土创新应用为宗旨，从学生既有的智能差异出发，设计和实施多元智能课堂教与学的活动，变革学习目标定位标准、学习内容呈现方式、学习活动组织策略、学生个体评价指标和作业管理样态等教学范式。通过各种教学要素的动态组合，进一步丰富教学模式的表现力，增强课堂教学灵活性，呈现出丰富的课堂内涵，清晰的课堂结构和每名学生积极而有意义的学习过程。

二、素养立意的目标迭代

新课程改革关于学习目标的探索日益精进，学习目标的定位从"双基"时代，走过"三维"时代，现在已经全面迈进了核心素养时代。多元智能理论给了我们一些教育启示：一是乐观的、更全面的学生观，每名学生都有自己的优势智能领域；二是个性化、多元化的课程观，每名学生都具有自己的特点和独特的表现形式，学生智能的发展方向和发展程度受到环境和教育的影响与制约；三是尊重个体经验和不同起点，坚持对症下药式的教学观，智能不仅是个体学习的工具，而且是解决实际问题和创造新产品的工具；四是灵活多样的评价观，每名学生都能成功，都有可能将八种智能发展到适当的水平，学生的智能发展贯穿于生命的全过程。学生的多元智能是不断发展的，如果能够给学生创设一定的文化背景或情景，一些潜在的智能是可以被激活的。

（一）考虑学生的智能现状

根据加德纳的研究成果，每名学生至少都同时拥有八种智能，但由于遗传与环境因素的差异，每个人在各种智能的发展程度上有所不同，而且也会以不同的方式来糅合八种智能。具有不同智能组合的学生的学习能力表现不一样，这说明学生有认知上的差异。华国栋先生认为，照顾差异的课堂教学要构建整体课堂教学策略，进行认知前提的准备和学习动机的激发，制定照顾差异的挑战性教学目标，调整和组织教学内容，实施兼顾不同学生需要的教学过程。因此，多元智能课堂上教师需要帮助学生构建适合他们的学习目标。比如，一名语言智能占据优势的学生，他很有可能不拘泥于现行的课堂目标，他会向更深层次拓展和延伸。学习语文时，他习惯于课后向别人复述课文内容、读课外书，甚至写读后感；学习数学时，他习惯于说算理，或者写数学日记；学习英语时，他习惯于用身体动作辅助记忆单词或课后用英语跟别人打招呼，与人交流；学习科学时，他习惯于详细叙说或记录实验过程。课堂上教师要引导学生面对本节课的学习任务，知道学生通过什么习惯或擅长的方式可以学得更加有效。

学习目标的设计要从学生的智能差异出发，灵活而富有弹性，对不同的学生有不同的要求，而不是每个人都达到一样的目标，每名学生都将获得优势智能的展示和发展，并实现个人价值。虽说教学的终极目标是一致的，但课程内容不同，所教班级不同，每堂课的教学目标也不相同。教师都有这样的体会：一节课下来，总是感觉少数学生的学习能力超过课前预想的目标，甚至有些方面超乎教师的想象；大多数学生可以顺利完成学习任务，达成学习目标；还有少数学生可以说根本无法完成最基本的教学任务，更谈不上实现学习目标了。他们在这个集体里根本没有机会展示自己的优势智能，因为长期的压抑和自卑感让他们抬不起头来。久而久之，他们就会丧失学习的信心和动力，自暴自弃。这些现象的产生，源自我们的课堂教学没有考虑学生智能的多元性，一刀切地设置课堂学习目标，没有从学生的实际情况入手，草率地制定或者惯用平常大家都认为应该达到的目标，不切实际地要求每名学生都要实现或达到这种统一的目标，没有做到因人而异。

（二）考虑学习内容的多样性

我们要把不同学科课型的目标制定"智能化"，所谓"智能化"就是指在教学目标中要体现学生运用优势智能解决问题和学生多元智能的发展状况。每节课教师要依据具体目标、具体内容、学生实际情况考虑主导智能，以及为更好地运用优势智能达成学习目标而预设辅助智能。

　　不同学科的主导智能是不同的。例如，语文课堂主要以发展学生的语言智能、人际认知智能为主，而数学课堂主要以发展学生的逻辑—数学智能为主，音乐课主要以发展学生的音乐智能为主。同一节课也不可能单纯地运用或发展一种智能，它需要多种智能的融合与贯通。比如，阅读课文的教学，有时离不开表演，不可能单纯地运用语言智能，还要用到身体—动觉智能；数学知识的学习，有时需要说结论、说算理，特别是综合实践活动，有时需要走出学校、走向社会、走进生活，这里绝不仅仅运用逻辑—数学智能，而且要辅以语言智能、身体—动觉智能、空间智能等其他智能的发展。所以不同的学科，不同的课型，目标的制定绝不是一成不变、千篇一律的，需要老师运用教育智慧，使课程目标最大可能地助推课程的完美实施。教师在制定教学目标时要充分考虑多元智能的发展，尽可能地给学生提供一个自由的空间，让学生充分展示自己的优势智能，在解决问题的过程中促进学生多元智能的发展。在设计教学目标时，注意结合具体的教学内容合理预设学生可以运用哪些智能解决问题。比如，六年级数学中关于用"替换"的策略解决问题的教学，"720毫升果汁正好倒满2大杯和3小杯。已知一大杯果汁是一小杯的3倍。求一大杯果汁有多少毫升？一小杯果汁有多少毫升？"根据这个教学内容，我们设计了这样的分层教学目标：① 用画图的方法表示替换的过程；② 理解替换的过程，总结概括出替换的方法；③ 运用替换正确解决问题，并体会替换的价值；④ 梳理解决问题的过程，谈一谈自己的感受，体会数学学习中的乐趣。第一个目标的设计是让学生用画图的方法来表示替换的过程，这一目标的设定就是让学生发挥身体—动觉智能和空间智能，在画图的过程中理解体会两种替换的策略。根据题目中的关键条件"一大杯是一小杯的3倍"可以有两种替换方法，一种是可以把一大杯换成3小杯，2大杯就换成6小杯，再加上原来的3小杯一共有9小杯；另一种是可以把3小杯换成一大杯，再加上原来的2大杯一共有3大杯。第二个目标的设定是想运用学生语言智能的优势在画图理解的基础上交流替换的过程，总结概括出替换的策略。而第三个目标的设定主要是发挥逻辑—数学智能的优势正确运用替换策略解决实际问题，举一反三，更进一步地促进逻辑—数学智能的发展。一节数学课的教学就可以发挥和培养学生的多种智能，绝不单单是知识的掌握和运用。所以，我们要利用好课堂教学主阵地，分解和设计科学合理的教学目标，发挥每一节课的实际效应，在多元智能课堂中不断地探索与反思。

（三）考虑目标的可实现性

首先，要厘清"学什么"。它是课堂教学的依据、目标和方向，可从课程标准、学情实际、学科素养三个维度进行梳理。课程标准是编写教材和设计教学的根本依据，教师要在熟悉课标的基础上，深入钻研教材，梳理教学知识点，厘清课程体系中的重点、难点和易错点，并研究突破策略。讲解时简明扼要，发问时给予引导与启发。基于学生之间的差异性，在确定教学内容和目标时要面向全体学生分析学情，尊重差异，制订分层次、有梯度、有弹性的教学目标。要聚焦学科素养，深度挖掘学科育人素材，体现学以致用原则，体现学科育人价值。课堂学习目标的设定不再是内容的孤立，不能自说自话，而是走向了你中有我，我中有你。学习目标应基于课程内容的结构化，从知识点到知识单元再到学习单元，学习目标更加注重让学生经历活动而构建知识结构，注重学习的体验与经历，这也是核心素养要求的应有之义。加德纳曾说，与其调整课程以适应评估，我们不如设计能够公正地评价每一种关键能力的评估方法。于是，我们基于多元智能发展的基点和级点，设计专项智能的认知、技能、情感领域训练要点及序列化目标（表2.1）。

表2.1　身体—动觉智能发展目标

年级	领域		
	认知领域	动作技能领域	情感领域
三年级	终点目标： 学习一些生活事务的基础常识 支持目标： 1. 掌握3种生活事务基本常识 2. 掌握手工制作的基本技术要点	终点目标： 熟练地处理生活中的基本事务 支持目标： 1. 学会洗涤衣物、手缝简单物件等生活事务 2. 学会剪、切、划、折、接插、弧线粘贴等技能	养成动手习惯，培养热爱劳动、珍惜劳动成果的思想感情
四年级	终点目标： 学习较为复杂的生活事务操作要领 支持目标： 1. 掌握6种基本生活要领 2. 知道如何设计有一定创意和实用功能的作品 3. 阅读家庭常用电器说明书	终点目标： 熟练地操作生活中的复杂事务 支持目标： 1. 学会家庭常用电器的使用方法 2. 能运用动手操作技能制作自己设计的作品	形成注意安全、节约的良好习惯，具备基本的自理能力
五年级	终点目标： 了解生活中的一些基本技能 支持目标： 1. 知道3种生活技能要点 2. 设计较为简单的图纸	终点目标： 比较熟练地掌握生活中的必备基本技能 支持目标： 1. 掌握一些基本操作技能，比如缝纫、小泥工、简单的烹饪等 2. 自主制作创意作品	具有创意生活的意识，形成解决问题的良好思维
六年级	终点目标： 了解生活中的一些高级技能 支持目标： 1. 知道5种生活技能要点 2. 设计较为复杂的图纸 3. 了解一些花卉植物生长的基本条件	终点目标： 比较熟练地掌握生活中的一些高级技能 支持目标： 1. 掌握一些较复杂的操作技能，比如成为小木工、小金工、小电工等 2. 自主制作较为复杂的创意作品，注重实用与美观，完成两三个编织项目 3. 尝试种植一两种常见花卉	了解物品与人们生活的密切关系，美化家庭环境，提升家庭责任感，增强环保意识

在急剧变革的21世纪，学校教育的目标应指向"21世纪型能力"，或者说"核心素养"。学生除了单纯的知识与技能的习得，需要拥有在特定情境中，能够运用包括知识、技能与态度在内的心理的、社会的资源，应对复杂问题的能力。中国学生发展核心素养主要指学生应具备的、能够适应终身发展和社会发展需要的必备品格和关键能力。无论是关于"智能"的定义，还是多元智能的八个领域，都与核心素养的内涵高度契合。加德纳认为，人们将多元智能理论当成了最终目的。所以，他提醒大家必须确定教育的目标是什么……首先请大家表述自己的教育目标，然后才能讨论多元智能理论怎样帮助大家实现这个目标。核心素养明确了学校教育的目标和任务，而多元智能则是实现这一目标的重要工具。每个人与生俱来具有各种不同的能力倾向，儿童是借助周遭的环境而形成不同能力、塑造不同个性的。重视每个儿童的个性特征，最大限度地发挥他们与生俱来的能力倾向，提供他们以文化实践的个性化参与的机会，就能产生各自新的创造性价值。

三、多元智能学习目标设计

加德纳指出要促进学生进一步理解学科知识，就切入点而言至少有七个——"讲述的、数理的、逻辑的、存在的、审美的、动手操作的和社会的"。教师要在基于学生智能类型的基础上，明确说出运用怎样的方式、工具或条件，以达到学生行为上怎样的变化，将学生的内部心理过程外显化，从而增强教学任务的可操作性、可测量性。教学目标的最低层次是有效教学的最基本要求，是每名学生都必须达到的，也是目标设计关注的重点，教学目标的较高层次可以从学生的爱好、优势智能、知识的灵活性、迁移运用能力、情感体验差异等方面着手设计。华东师范大学崔允漷教授认为，核心素养就是能做事，"关键能力"指能做成事，"必备品格"指习惯做正确的事，"价值观念"指坚持把事做正确。学习目标的设计一般回答"学习什么，怎么学习，学到什么程度"等问题。借鉴多元智能理论的学习思想，最大限度地发挥学习潜能，要基于学生的智能差异，兼顾八种智能的运用，让智能优势各异的学生都能有机会参与全程学习。在目标设计过程中，教师可以分三步走。

第一步，整合学习内容。教师应依据课程标准的要求，参考多种教材来确定教学内容。课程标准的要求概括性强，教师在操作过程中要先分解知识点，考虑适切的教学方法，设计丰富的学习活动，是直接阅读概念发挥学生的语言智能，还是启发想象发挥学生的空间智能，又或是发挥其他智能的优势。多元智能为教学提供了许多路径，合理的学习内容分解可以使教学在充满乐趣的同时又不失其方向。

第二步，挑选合适的多元智能工具。加德纳提出多元智能理论后，在教育界掀起了轩然大波，很多学者将其理论应用于教育实践，创造出了很多好的教育方法，"多元智能工具箱"就是其中的代表。挑选工具时先要思量教学内容的难度和重要程度，决定是兼用八种智能还是聚焦某个智能。教师先期主要借鉴他人成功的经验，随着研究实践的不断深入，教师还可以创造出自己的方法，如发挥空间智能，可以使用想象、制图、颜色符号、知识结构图等工具。

第三步，设计具体的学习活动。结合前面两步，将某种方法与某个知识内容对应设计学习活动。如设计给学生相应的提示运用空间智能展开想象的活动，并用合适的语言表达出来，归纳提升。

美国的多元智能理论研究专家戴维·拉泽尔给我们提供了很有创意的多元智能教学目标设计模板——"课程设计调色板"，即用调色板的形式展示内容，用八种智能的示意图替代各种颜料，教学设计时在每个示意图后面写出具体的方法。这种范式可以直接用于教学实践。教师也可用自己惯用的方式，分条目撰写，只不过要加上所考虑的智能类型。当前，差异发展已经具化为一种教育目标。多元智能理论明确了学生之间的差异性。如何破解关注每名学生的个性发展，吸引学生从行为上积极参与，认识上深度卷入，情感上主动投入学习活动，促进学生在原有基础上增值发展的难题？加德纳认为，人类具体的智能是一种解决问题或创造产品的能力。其中解决问题的能力，就是能够针对某一特定的目标，找到通向并实现这一目标正确路线的能力。

多元智能课堂追求的是整合的学习目标。课堂学习活动的目标设计超越学科层次，既要落实特定学科或跨学科的知识目标，又要落实交流和合作、批判性思考和问题解决、创造和创新、信息素养、领导技能等一般性智能目标。每一节课都是学生学科素养生长序列中的重要环节，丰富学生的"学科经历"和"学科经验"，不仅关注学生"当下的生命高度"，而且关注学生"可能的发展远点"。

为使学生在具体的学习活动中达到预期结果标准，就要分层设计弹性目标。目标既包括全班都要达成的共性基础性目标，又包括满足儿童发展需求、智能优势和学习方式等个性差异的挑战性目标。

第一种目标设计的思路是倾向于学生某一种优势智能的发展。

如《九色鹿》第二课时基础性目标是复述课文，能讲清楚、完整。挑战性目标是能加上动作、想象把故事讲得清楚、完整、生动。其中，基础性目标是课程标准的"保底要求"，挑战性目标是为语言智能较强的儿童设计的高阶目标。

第二种目标设计的思路是兼顾不同优势智能的组合运用与发展。

如四年级综合实践活动"我的游戏我设计"的基础性目标是了解游戏设计的基本要素，能够创编一款游戏，并完成游戏方案设计。挑战性目标是每名学生当堂操作验证自主设计的游戏，根据实践修改完善游戏方案。其中，设计游戏方案和当堂操作验证游戏均需要学生的团队协作，并需要语言智能、逻辑—数学智能、人际认知智能、身体—动觉智能等多种智能的综合运用。

第三种目标设计的思路是优势智能带动弱势智能的发展。

如二年级数学"观察物体"基础性目标是在具体的观察情境中，学生能体会到从不同的位置观察物体所看到的形状是不一样的，并学会根据看到的形状正确地判断观察者的位置。挑战性目标是学生能够用流利完整的语言描述自己看到的物体形状，从而激发语言智能带动其逻辑—数学智能的发展。其中，基础性目标指向学科感知学习，挑战性目标指向学习的深度理解并致力于智能的扬长"补"短。

四、聚焦丰富的课型样态

加德纳认为，智能是以相互组合的方式发挥作用的，不同的智能之间还能以其他方式相互影响。"补偿效应"的优势在于它表明一项特定的学习任务是如何由多种智能以不同方式的组合而实现的。"催化效应"的优势在于智能的组合运用，可以优化自身的强项智能，最大限度地释放发展潜力，使其更加出色，往往能够胜人一筹。在课堂教学中，充分利用智能之间的相互作用，基于以上两种取径从课程性质、学科特点、课时目标等方面设计学习活动和任务，激活学生的智能潜质，最大限度地彰显多元智能的张力（表2.2）。

表2.2　智能相互作用的课堂学习设计

智能相互作用	操作流程	操作理念	操作载体	操作策略
基于智能"补偿效应"	唤醒	融合智能元素，密切关联教学	情境学习场 思维触发圈 智能学情单	前测智能基础线 启动智能唤醒器 触发智能选择键
	导学	设计分层活动，释放课程功能		
	链接	激活经验知识，促进深度学习		
	反思	优化评价方式，激发学习动力		
基于智能"催化效应"	沉浸	调查探究先行，形成经验图式	智能工具箱 创意淘宝站 生活实践园	激活智能朋友圈 明晰学习差异性 操作活动新经验
	分享	小组互动交流，丰富经验感悟		
	实践	运用优势智能，尝试解决问题		
	评价	创设真实情境，完成表现任务		

　　多元智能课堂的教学理念和操作流程更大程度上从属于模式的范畴，但学科不同、学段不同、学生不同，教学模式需要灵活处理，呈现学习样态的多样化。学生的学习是以活动为主要形式推进的，不同的学习活动又决定着不同的课型。教学课型比教学模式更加具体，聚焦于具体的学科、课堂和结构（表2.3）。

表2.3　多元智能课堂不同学习活动类型及操作说明

设计维度	活动类型	设计思想	简要说明
学习目标	知识建构	引领学生做知识的建构者	从"知识垄断"到"知识分享"再到"知识建构"，让学生建立新旧知识之间的联系，体现同化和顺应作用
	默会学习	指向学生的关键能力	通过实践获得直接经验，感悟默会知识，以实践学习为主要方式
	综合运用	促进知识的生活化、系统化	学生自主设计、讲评、展示作业，知识从"碎片化"到"系统化"再造
学习内容	问题主导	提升学生整体性思维能力	以主问题为牵引，自主学习，分享交流，学生整体性思维能力得到提升
	专题研究	促进学生问题解决	实践学习直接面向学生所生活的社会和自然环境，在真实的环境中，根据学生已有的知识和能力，以及他们的兴趣与爱好，发现并提出学习和生活中遇到的真实问题，然后尝试着去分析和解决问题
	经验串联	优化各种学习关系	学生与学生之间、学生与教材之间、学生课堂表达与倾听、新旧知识勾连等各种关系串联
学习方式	操作	培养学生的动手操作能力	运用任务驱动、项目引领学生集体设计方案，并付诸实施，动手操作，形成产品和成果
	探究	提升学生的实验探究意识	倡导"做中学"，终身学习，优化批判思维，在假设与求证中获得科学结论

表2.3（续）

设计维度	活动类型	设计思想	简要说明
学习方式	展示	多元智能综合运用	学进去，讲出来，学习共同体内运用优势智能进行补偿式学习
学习评价	互动	促进学生之间交互式学习	课堂上设置学习评论区，星级互评、留言跟帖
	再现	学生成为学习的操盘手	对学生进行表现性评价，展开反刍式学习、再现式学习
	静默	培养学生的自我认知能力	课堂上自我反思、自我评价，进行心理疏导

  课堂五种要素是信任与归属感、有意义的知识内容、丰富多彩的环境、智能选择机会和充裕的时间。多元智能课堂基于对学生学习的认识，构建以全景式时空、激励型制度、支持型资源以及发现式教学为四大核心要素的理想课堂模型，提出"去讲台中心，让有学生的地方都成为中心；超越教室空间，建立融通学校、社会与自然的学习场；关注学生情绪，建立班级仪式，培育学生对课堂的安全感与信任感；满足个性化需求，建立微课制度，并匹配丰富的课程资源包；强化学法指导，教会学生学会学习；推动项目式学习，构建与课程相对应的项目谱系与游戏地图"等操作路径和方法。多元智能课堂在环境创设上，根据学习需要预设不同的座位布局，设置八种智能学习中心，无限打开学习的空间；打破课堂边界与壁垒，推行学科融合，不再有严格意义上的学习场域，学生成为学习的设计者、参与者与评价者，经验式学习成为主流，设计并储备丰富的课程资源，为学生提供有价值的学习内容，关注每名学生的个体需求；实行学生成长导师制、学习伙伴制，根据课程需要，家长、社会专业人士等都可以成为学生学习的指导教师。

❖ 第三节　多元智能伴随学习

基于"多元智能伴随学习"的理念，提炼出两种优化小学课堂学习活动的学习模式：基于智能"补偿效应"的课堂学习活动优化和基于智能"催化效应"的课堂学习活动优化，并开发了与之相适应的两条操作流程："唤醒—导学—链接—反思"，"沉浸—分享—实践—评价"。这两种学习模式借助对应的智能工具箱、生活实践园等操作载体，让学生运用已有的知识技能和经验，尝试运用一定的问题解决办法，在特定情境中开展实践活动，从而获得实际的活动体验。

一、"多元智能伴随学习"的内涵

加德纳认为，由于遗传和天资、个人经历及不同的人与不同种类信息接触机会的不均匀等方面的原因，几乎每个人的智能结构都是参差不齐的，每个人都有自己智能的峰值和谷值，且没有两个人——甚至同卵双胞胎都不会拥有一模一样的智能轮廓。

让多元智能伴随学习，我们必须承认并开发各式各样的智能和智能组合，设计以课程为基础的课堂学习活动，使用一种特殊的智能以达到对技能的掌握和理解；又通过以发展智能为基础的课堂学习活动，使学生能掌握与某一特殊智能相关技能的方法，使每名学生产生学习幸福感，促进学生有意义地学习，从而实现学生的个性培养和全面发展。

基于多元智能的"补偿效应"，一种智能成为另一种智能的补充，基于多元智能的"催化效应"，一种智能可以促进另一种智能的发挥和发展。课堂上，教师可以通过同辈群体间优势智能的互补与个体间优势智能对弱势智能的自我促进关系，通过一些特定的与学习相关联的智能训练项目，让每名学生在每节课都有可完成的任务，都能达到学习的"沸点"。学生可以从中获得比常规课堂更高的学习效益，可以掌握一系列解决真实问题的行为策略，提高学习的幸福感和信心指数。

二、"多元智能伴随学习"的探索

（一）基于智能"补偿效应"的课堂学习活动设计

"补偿效应"发生于一种智能对另一种智能的运作起补充作用的时候。如，身体—动觉智能占据优势的人，可以通过手势和表情向他人表达自己的意图和有关信息，从而弥补其在语言上的不足。

1. 操作流程

（1）唤醒：融合智能元素，密切关联教学。基于学科特点、教学内容和学习目标，多元智能课堂的兴趣要融合多元智能理论的相关元素，与各个教学环节密切相关。在激趣活动的设计上，教师要密切联系本节课的主导智能。

学习课文《九色鹿》，教师以学校举行讲故事比赛活动"激趣"，以练习讲好故事"引路"，遵循活动设计的目标性原则，将学习目标自然投放给学生，密切联系本节课的主导智能——语言智能。

（2）导学：设计分层活动，释放课程功能。基于一节课的主导智能，挖掘教材的智能发展契机。注意营设"学习场"，在协作中彰显智能优势，让各种智能达到互补与交融。坚持多元智能"手段"优先，兼顾"目的"的原则，每个学习活动都尽可能与学生的智能相联系，确保学生有机会使用任何一种智能，智能的发展与课程学习相辅相成。

例如，《九色鹿》"导学明法"环节第一层次，指导读好重点段落，引导学生"直观感受读，创设语境读，角色扮演读"；第二层次，把故事分成三集，用四个字概括图意，给故事分层次；第三层次，合作练习复述故事。

（3）链接：激活经验知识，促进深度学习。主要考查学生运用智能解决实际问题的能力，还原学生的生活世界，检验学生的迁移能力。《九色鹿》此环节的教学，教师引导学生找准可以启发想象的延伸点，练习讲故事。

（4）反思：优化评价方式，激发学习动力。主要是对学生的学进行真实的评价，除了注重学生个人对本节课表现或习得的自我反思，还注重小组内的量化。

《九色鹿》的评价主体是学生，可由学生当评委评价。还可以分层评价，能讲清楚、讲完整的，得满分；能加上动作、想象讲得生动的，再加分。

2. 操作载体

（1）情境学习场：寻找智能学习端口。通过创设适合学生学习的支持环境，设计情境性任务，让学生在与学习环境、学习材料的交互中，开启运用智能学习模式。

（2）思维触发圈：提供运用智能支架。课堂通过"知识树""维恩图""鱼骨图"等方式，教给学生一些学习方法和步骤，帮助学生厘清课文脉络，对学生的学习方法进行引导，让学生明确自己通过哪些智能手段的学习是最有效的。

【案例】《望洞庭》"导学明法"第一环节"理解读，洞察美"。

师：学习古诗，意在读出它的韵味，它的意境。读好古诗要做哪些准备工作呢？（学生各抒己见）

教师根据学生回答，完成"鱼骨图"。

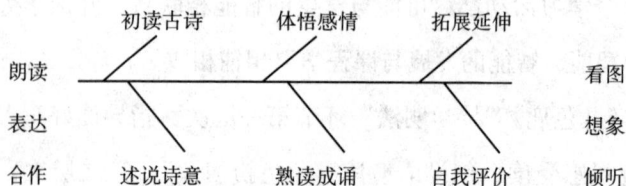

小组合作，对照鱼骨图，完成以下任务。

① 借助图画，理解词意，述说诗意。

② 多读几遍，体会诗人要表达的情感。

③ 熟读成诵。

（3）智能学情单：编制前测方案工具。照顾到学生智能的差异，让学生做好有选择的预习作业，预先自主学习教材内容。

【案例】学习《滴水穿石的启示》，学生预习时提出的问题如下。

李波涵等6人提出：滴水穿石带给人们什么启示？

门子棋等8人提出：你看……才"滴穿"这一块块"顽石"中的"滴穿""顽石"分别指什么？

郑英俊等10人提出：课文中为什么举三个事例，而不举一个事例或者更多的事例呢？

根据学前调查，确立主问题：课文中的事例和"滴水穿石"的启示到底有什么关系呢？

然后设计了三个层次的学习活动：一读，弄清启示与故事之间的关系；二读，弄清为什么列举文中三个事例；三读，练习运用"三正一反论证观点"的方法。

3. 教学策略

（1）前测智能基础线：指向学习目标。教师要编制前测方案和工具，如预习单、口头访谈提纲等，通过前测了解学生已有哪些与知识点相关的智能，从而选择适应的智能促进知识的学习。

（2）启动智能唤醒器：提高学习效度。如，语文课堂可以进行"一分钟热身"（演讲、古诗、名言、猜谜、默写），数学课堂可以创设情境（如播放与学习内容相关的视频、做数字游戏），英语课堂可以"聊一聊""唱一唱""演一演""做一做"……教师密切联系本节课的主导智能，尽可能地调动学生的潜质思维。

（3）触发智能选择键：分层推进学习。通过设计不同层次、不同类型的学习任务，学生选择相应的学习手段，适时地选择适度的学习内容。

（二）基于智能"催化效应"的课堂学习活动优化

加德纳认为，不同智能间的催化效应，可能激发或改变另一种智能，或修改它的运作方式，可以促进另一种智能的发挥和发展。

1. 操作流程

（1）沉浸：调查探究先行，形成经验图式。学生通过辅助手段自主走进学习任务现场，借助各种学习材料，调动多种智能，直接获得多维度的经验。综合实践活动"环保酵素"的教学，教师提前一周布置学生调查酵素的相关知识和在生活中的运用情况，引领学生主动走向现实的社会生活。学生在调查小组内交流"环保酵素知多少"调查表，头脑中逐渐形成有关经验结构的"图式"，抓住具体的经验，进行抽象概括，感知获取信息，并采用分条描述，汇报发现的自己感兴趣的、有研究价值的内容及一些操作性的要领。

（2）分享：小组互动交流，丰富经验感悟。具有相同经历的孩子组合在一起，析取共性经验，通过反思性观察，进行信息加工。"环保酵素"方案的设计没有让学生进行文字表述，而是发挥学生的空间智能，让学生运用画示意图或设计图的形式，将抽象的文字具象化，以经验学习为驱动，以"问卷调查：环保酵素知多少？""资料收集：制作环保酵素主题手抄报""走进社区：'小酵素，大能量'——环保酵素宣传行""实践制作：制作酵素我能行！""观察记录：酵素宝宝诞生记""成果展示：疯狂的酵素"等实践活动为载体，丰富学生的体验与感悟。

（3）实践：运用优势智能，尝试解决问题。从多元智能理论本土化应用的角度思考，良好的身体—动觉智能与空间智能相结合，能更好地使用工具和处理工作对象。如果不仅仅要使用复杂的工具，还要进行新的发明，那么就需要几种智能的组合。除了需要身体—动觉智能与空间智能的组合以外，还需要逻辑—数学智能，确定制造出设计产品的必要和充分条件。在"环保酵素"的制作过程中，学生运用已有的知识技能和经验，尝试运用各自的优势智能制作环保酵素。学生带着收集整理的资料、精心制作的手抄报和展板，走进社区、走进家庭，让更多的人认识"环保酵素"，让更多的人参与到环境保护的实际行动中去，学生在社区的真实情境中开展宣传实践活动，从而获得实际的活动体验。

（4）评价：创设真实情境，完成表现任务。评价伴随着学生活动的全过程，以任务驱动的形式检验学生参与活动，完成活动任务，进而达成活动目标的效度。

环保酵素的制作从两个方面用接近"真实生活"的方式来评价学生的动手、动脑过程。① 技术性评价。技术教育是一种利用知识进行物质产品生产的技术方面的训练。这种训练强调手工技能、手和眼协调能力以及控制生产过程中的判断力。能按照要求看懂说明，制作过程快速，能保持桌面整洁、瓶身干净，标签有创意。② 发展性评价。从"分工明确，活动步骤清晰、有条理，小组合作按步骤制作环保酵素，方法创新实用"等方面开展能力评价，从"参与态度""获得体验""方法掌握""能力发展"等方面开展自我评价，从活动的3个阶段，16个方面开展小组评价，同时从"孩子的兴趣""活动创意"等方面邀请家长参与评价。

2. 操作载体

（1）智能工具箱：助力个性学习。开发多元智能学习工具箱（表2.4），教师将其有选择地融入课堂学习活动设计，为学生个性化学习提供"脚手架"。

表2.4　多元智能学习工具箱

智能名称	工具
语言智能	演讲、阅读、辩论、讲故事、诗歌、日记、创造性写作等
逻辑—数学智能	计算、图形、推理、建立联系、思维导图等
空间智能	想象、构图、绘画、拼贴等

表2.4（续）

智能名称	工具
身体—动觉智能	动手创作、角色扮演、体育游戏、身体造型、舞蹈等
音乐智能	音乐创作、演奏、演唱、打节奏、配乐等
人际认知智能	合作学习、移情、反馈、倾听、拼接式学习等
自我认知智能	静默、反思、高级推理等
博物学家智能	观察、考察、模拟等

（2）创意淘宝站：内化建构智能。在同伴的学习成果中进行"淘宝"，思考其中有哪些创意值得借鉴和学习，并记录下来，借此修改和完善自己的学习成果，获得能力的提升。

（3）生活实践园：扩展课堂领域。生活中寻觅探究的问题，让经验伴随学习，家长、社会专业人员都可以成为"良师益友"，共同参与学习。

3. 操作策略

（1）激活智能朋友圈。通过前置性、情境性等学习任务，调动学生参与学习的热情，勾连起学习的主题，串联经历中的困惑，对接相关智能领域。

（2）明晰学习差异性。在学习过程中，教师要尊重差异，把差异当作学习的资源，通过设计关键性、拓展性的学习活动，利用智能差异，促进学生差异发展。

（3）操作活动新经验。加德纳说，经验是至关重要的，经验与智能两者常常互相影响。学生运用已有的知识技能和经验，尝试运用一定的问题解决办法，在特定情境中开展实践活动，从而获得实际的活动体验。大多数学习经验都能产生多重结果。通过利用每一种经验所引发的多重结果，有可能使教学更有效率。

三、成效与思考

（一）成效

1. 实现学生自我发展的超越

学生提高自信心，优化学习方式后，能够将书本世界、经验世界与生活世界相串联。这使得他们智能表现领域更广泛，发展潜能不设限，同时拓宽了他们学习的时间、空间、内容和样态，显著提高他们综合解决问题的能力。在研究开展前后，我们参考华南师范大学陶德清教授编制的学习态度调查问卷，对学生的学习态度进行了调查，调查结果显示：学生的学习目的性由38.4%上升为74.5%，学习幸福指数由36.7%上升为66.8%，排除学习困难能力由27.6%上升为61.3%（见图2.1）。

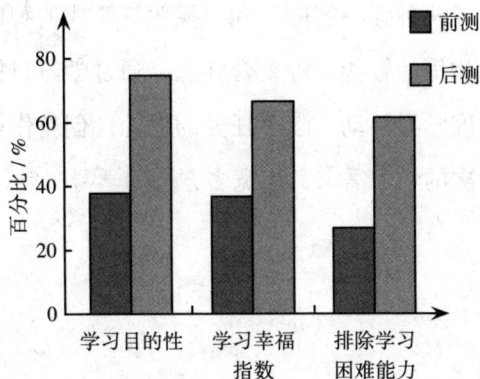

图2.1　学生学习态度调查

2. 形成了自我的课堂教学主张

教师认同多元智能理论的"每个孩子都是潜在的天才儿童"等重要思想，将课堂开发为"让儿童学的课堂"。教师在课堂上关注每名学生的个性发展，鼓励学生积极投入学习，尊重学生的差异，把智能差异当作教育的资源，注重个体化、非线性、情境化和参与式的课堂活动设计。

（二）思考

1. 教学思想创新

让多元智能伴随学习，为教师学习观、学生观、评价观的转变提供支撑和土壤，"让学"体现了课堂的价值基础，"会学"体现了课堂的能力诉求，"能学"体现了课堂的潜在魅力。教师在教学中多一些"私人定制"，面向每名学生，促成他们能力生根，使得学生们呈现百花齐放的局面。

2. 教学媒介创新

从多元智能扬长"补"短的角度，立足于学科内和学科间的综合，从操作流程和操作载体等方面进行研究，特别是智能工具箱、生活实践园等操作载体的使用，让多元智能每时每刻伴随学生的学习。

3. 教学措施创新

智能模式从平面走向立体，呈现出"激光"式的智能模式（聚焦一种或两种强项智能）和"探照灯"式的智能模式（具有三个或更多而且强度相等的智能）等复合样态。通过学习目标的整合和分层弹性目标、不同维度学习活动、学习任务的设计，创新作业样态，改良学习环境，满足多层次的学习需求，拓宽多方位的学习时空，促进了学生差异发展。

第三章 尊重多元智能差异

❖ 第一节 把握多元智能结构及倾向

相比社会、经济、科技的演进速度，教育的变革相对缓慢。其中，教师对学生的研究相对不足。很多年轻人涌入了教师队伍，但我们遗憾地看到传统教育思想对新生代教师产生了消极影响，很多年轻教师专业意识不强，学习动力不足，教育思想不够开放，手握着一张"旧船票"，适应不了新时代学生的特点。所以，研究学生，应该成为教师的必修课，教师的教学设计应该适合每名学生。如何正确认识每名学生？应以多元智能理论为依据，运用诸如观察法、访谈法等方法，从优势智能、弱势智能、学习兴趣、学习风格等方面科学地了解每名学生，把握智能结构及其倾向，为因材施教提供学情基础，从主观走向客观，从模糊走向清晰，让有教无类、因材施教不再成为一句口号。

一、在观测中确定学习节奏

加德纳说，在许多时候，多元智能是给童年的礼物。每个儿童都以不同的方式学习，包括学生在项目成果中表现出来的认知智能强项、弱项及其发展倾向，也包括学生对待事物的态度和倾向，以及学生个人的智能特征。儿童身上拥有天赋的领域和表现障碍的领域之间，往往存在着结构上的相似性。例如，数学和音乐具有共同的"数"的结构，几何学和艺术具有共同的空间结构。日常观测是一种比较直接的获取信息的方法，体现为课堂观察、家庭观察、连续观察、学情调研等各种形式，一般为观察记录、轶事记录等。课堂观察一般分为课前、课中、课后三个阶段。在课前，主要是通过预习新知暴露学生存在的问题，确立课堂学习目标。在课中，教师在各个教学环节中应全面观察学生的学习状态、学习热情、学习心理以及学习风格等学情信息，并适当地做出调整。这些需要学科教师之间的相互配合，也需要其他教师在自己的课堂上辅助观察，寻找出学生个体比较感兴趣的学习方式，观察学生发挥了自己怎样的优势智能帮助小组内学生共同学习，并详细记录。在课后，教师可根据学生的学业情况了解学习成效，形成比较客观的有价值的基础学情资料。

观察时，我们可以重点关注学生的面部表情、说话的语调、动手实践、小组合作、学生思维等方面。优秀的教师之所以能够在课堂上游刃有余，是因为他们能与学生恰如其分地交流，还有较强的课堂随机应变能力。而教师的随机应变能力离不开教师敏锐的洞察力（表3.1）。

表3.1 多元智能课堂观察单

观察维度			学习目标及观察内容		
			学科课程标准	多元智能特征	学生学习表现
学习目标的设计			1.设计的依据是什么		
			2.目标的表述是否清晰、简洁、有效、可测		
			3.学生是否熟知目标		
学习目标分解	学生活动	自主	1.学生（时间）参与度		
			2.自主学习方式（探究、记笔记、阅读、思考、练习）		
		合作	1.小组分工是否明确，角色定位是否准确		

表3.1（续）

观察维度			学习目标及观察内容		
			学科课程标准	多元智能特征	学生学习表现
学习目标分解	学生活动	合作	2. 小组合作是否充分，是否能认真倾听，主动发言		
			3. 是否能依据自己的优势智能参与学习		
	教师行为	激趣	1. 是否紧扣本课教学内容，成功唤醒本课的主导智能		
			2. 是否为下一步教学做好铺垫，激发学生的学习兴趣		
		导学	1. 问题设计是否具有挑战性，是否有助于突破教学重难点		
			2. 任务设计是否有梯度，适合每名学生		
		启智	1. 活动设计是否多样，学生是否能够运用优势智能解决问题		
			2. 是否回归生活，培养学生创造性解决问题的能力		
		引评	1. 是否对本课的学习收获有清醒的认识，自我认知智能得以发展		
			2. 教师的评价对树立学生的成长自信是否有积极的作用		
学习目标的达成			1. 学生的表情（投入/不投入）		
			2. 学生的观点（回答/提问/汇报）		
			3. 学生的作业（书面/建模/板演）		
			4. 达成人数的调查		
学习目标的生成			1. 生成的学习目标		
			2. 生成目标的利用		
			3. 生成目标的效果（知识/能力/情感）		

部分儿童有天赋的智能，在特定的情景下表现出解决问题的独特能力；部分儿童的智能发展很均衡，提供的作品可能有不错的表现；也有部分儿童对解决某类问题很感兴趣。

例如，小杰从幼儿园时期就表现出对绘画的热爱，家长全力支持，为他的空间智能发展提供了机会。没有智能的展示，智能的发展就不能获得持续的动力。长期持续不断的练习是智能获得发展的前提。小杰利用零碎时间练习，每周到画室练习，这些都是小杰空间智能发展的重要机会。小杰的美术作品被同伴欣赏，获得同学、老师、父母的尊重，被周围人认可，这些无疑是小杰智能获得持续发展的重要动力。持续不断的作品展示和比赛，从画室到展厅到各种智能展示的场所，丰富了练习的体验，也为练习过程提供了强大的动力。假设小杰没有经过系统的专业练习，随着年龄的增长，小杰的空间智能可能仍然会有些发展，但不会发展得像现在这么好。一项智能的培育，所产生的影响可能是集群化的。通过绘画的练习，小杰获得了高度发达的专注力，使得他平常的学习质量更高，其他同学忙于复习应付各类考试时，小杰还有空闲绘画，并且能在各种考试中获得不俗的表现。由于拥有强大的专注力，小杰的抗干扰能力更强，以至于更容易全神贯注地投入到当前的活动中。比如，家里来了客人，邻居的吵闹声，家里电视音响的声音，对其学习绘画的干扰微乎其微。而专注力差的儿童，很容易被外界的环境所干扰，一点噪音可能就会中断当前的学习活动。

小旭同学的逻辑—数学智能与同龄孩子相比有一定的差距。家长的失望情绪，带给小旭的是悲观和绝望。小旭的自我认知智能不仅没有随着年龄获得发展，反而在倒退，在不断地失败中，强化了"我"是一个很无用的人，"我"是一个失败的人，"我"是个傻瓜的自卑心理。如何弥补劣势获得逻辑—数学智能的发展？通过系统科学的练习，逻辑—数学智能是可以逐步提升的。小旭的逻辑—数学智能从开始有缺陷的不完美的展示，通过练习和有意识的培养向逐渐丰满的方向发展。刻意的练习和培养能够使做题正确率逐渐高一些，解题的速度逐渐快一些，变得更加主动，更向往挑战一些难的问题。从解决数学问题像被虐待变成从解题中获得成就感，经过科学的训练，劣势智能获得更好的发展，像登山一样，甚至会成为个体的优势智能。最为重要的是，逻辑—数学智能的发展有效地改变了小旭对自己的评价。

有一种爱叫做放手

　　小闫，一贯不完成作业，却总找不到理由。终于，在今天，他找到了一个还算理由的理由，那就是因为每天要完成家人额外布置的配套练习，所以没时间完成老师布置的作业。

　　小闫有一个当过校长的爷爷，退休在家无事。家人可能认为爷爷是一个不可多得的"资源"，不忍"浪费"，所以让爷爷每天给小闫安排满满的作业并由爷爷批改，以致于小闫经常不能按时完成老师布置的作业。因为每每小闫到家，家长便成了权威，总感觉孩子成绩不理想，只有运用比其他孩子更多的作业来弥补，仿佛这样才会心安理得，才会"笨鸟先飞"；而往往是欲速则不达，纵然功夫深，"铁杵"还是没有磨成"针"。在单位时间内小闫畏于家长的威严只能"求近舍远"，对老师布置的作业只好"偷工减料"。随即著者对其进行了调查："假如不让你去做家长布置的作业，你最想做的事是什么？"小闫说："打篮球、练书法、读课外书。"真没想到小闫竟有那么多的爱好，从而可以看出他是一个很爱学习且兴趣广泛的孩子，这些兴趣如果坚持下去，对他的成长是大有裨益的。

　　著者知道小闫说的是真话：在一次作文课上，作文的要求是给你的同桌推荐一枚奖章，并写出推荐的理由。他的同桌曾经给了他一枚保健章，奖章上是一名小朋友踢足球的画面，意味着获得这枚奖章的同学在某项体育活动中有过人之处，课上著者征求小闫的意见，他欣然同意。用霍华德·加德纳的多元智能理论去衡量小闫，他无疑是属于那种身体—动觉等多项智能均具有优势的孩子。多元智能理论告诉我们，每个孩子都是天才，都与生俱来且不同程度地拥有8种智能，只要为孩子创造发展智能的机会，他便可以成为某一智能领域的佼佼者。这么好的一个孩子，长期生活在以分数论英雄的考试环境下，没有一点个性张扬的空间，连想做自己喜欢的事的时间和自由也没有。而现状却没有因为家人的良苦用心得到好转，小闫的语数英成绩还是不太理想，并带来了"负强化"——家庭作业的拖拉、学习兴趣的锐减，以致于把学习当作了一种负担。如果再坚持下去，后果是不堪设想的。于是著者给小闫的家长写了一封短信。

小闫的家长：

你们好！

我想有必要向你们反馈一下孩子的在校学习情况。在校小闫是个学习很用功的孩子，课堂上的表现很是出色。难得的是这个孩子有着许多爱好，比如打篮球、练书法、读课外书，不要把这些当作不务正业，而这些兴趣恰恰是我们应该好好珍惜的。我们现在需要考虑的是如何培养小闫积极向上的学习态度，科学有效的学习行为，一专多能的学习特长，而不是大搞题海战术，弄得双方精疲力竭，却收效甚微，无果而终。

不知你们是否意识到最近一段时间以来孩子的不良变化：他还认为学习快乐吗？他的家庭作业还能按时完成吗？学习毕竟是孩子自己体验的过程，是任何人都无法替代的，其实有一种爱叫"放手"，家长要多给孩子一些自由支配的时间，通过制订科学有效的学习计划与奋斗目标帮助孩子合理利用自由支配的时间。谈到计划与目标的制订，不得不说哈佛大学曾做过的一个著名的实验：在一群智力与年龄都相近的青年中进行了一次关于人生目标的调查，结果发现：3%的人有十分清晰的长远目标；10%的人有清晰但比较短期的目标；60%的人只有一些模糊的目标；27%的人根本没有目标。25年后，哈佛大学再次对他们做了跟踪调查，结果令人十分吃惊！那3%的人全部成了社会各界的精英，行业领袖；那10%的人都是各专业各领域的成功人士，生活在社会的中上层，事业有成；那60%的人大部分生活在社会中下层，胸无大志，事业平平；那27%的人过得很不如意，工作不稳定，入不敷出，常常抱怨社会，抱怨政府，怨天尤人。

但愿我今天所说的话能给你们一些帮助和引导。

祝合家欢乐！

小闫的老师：刘治富

××年×月×日

之后的一周，著者又找小闫同学长谈了几次，而且了解到家长确实转变了许多，非常支持著者的说法。他们取消了配套练习，帮助小闫制订了详实的每天学习计划，使得他每天的课外生活科学而又充实。小闫自己把这几种爱好进行了合理的安排，更巧妙的是家长还与写日记联系起来，着重培养孩子坚持写日记的良好习惯。

之后的几天里，著者明显感觉到小闫学习上的变化：积极、乐观、自觉、向上……像一匹骏马，自由驰骋在学习的绿野上。

二、在访谈中发现学生

教师可选取最具代表性、最典型的几名学生进行访谈，也可以从班级选取6～8名学生进行集体访谈，在访谈过程中互相启发影响，从而获取学情信息。

在与其他科任教师的访谈中，应该重点了解以下几方面的内容：一是科任教师对班级整体情况的分析，针对每位科任教师了解到的情况，进行研讨和综合分析，以确定班级学生的整体水平处于什么层次；二是了解各门科目课上学生表现的情况，并具体进行分析；三是了解学生对各门功课掌握的情况，如学生对每门科目的学习态度、兴趣爱好等；四是交流班级学生的智能状况，具体分析学生具有哪些优势智能，还存在哪些问题；五是根据学生的综合表现，把学生进行分层分类编排，以便更好地开展各科课堂教学活动。

在与家长的访谈中，应该重点了解学生以下几个方面的问题：一是每名学生在家里的表现情况，并与在校的表现进行对比分析，期望能够更好地了解、分析学生的情况；二是和家长交流"家长心中的孩子"，让家长说一说自己对孩子的了解有多少；三是访谈学生在家里的学习情况，包括学习态度、读书情况、作业完成情况、开展活动情况等；四是和家长交流"孩子心中的老师"，更好地获取学生对教师的真实看法以及期望，方便教师灵活调整自己的状态，建立亲密和谐的师生关系；五是和家长交流学生的交友情况，及时地了解学生的人际交往情况；六是了解孩子的个性特征情况；七是向家长了解孩子从出生到现在的成长经历。

在与学生的访谈中，重点要了解学生的以下情况：学生的知识基础和基本学习能力，对之前所学知识的掌握情况，是否有特殊的问题，学生的学习情感、学习态度如何，学生的优势智能和弱势智能的调查与分析，学生的家庭成员情况以及生活的家庭氛围，对家长的一些看法，学生对班级生活的体验，愿意参与班级的各项活动情况，与教师相处的情况，与班级其他同学的相处情况，自己的理想以及需要努力的方向目标，学习中还存在哪些困惑等。每名学生都来自不同的家庭，学生的情况也千差万别，学情信息可以说复杂多变，利用访谈也只是期望获得更多的信息，更好地与学生开展交流。为使访谈能够获得更多更真实的信息，在开展访谈时也要针对不同的访谈对象灵活调整访谈的策略，提前充分做好访谈的各项准备，重视访谈的细节，提高访谈的效果。

小毅6岁时，奶奶给他报了个围棋班，每周末小毅由奶奶带去棋社下围棋。在黑白的世界里，聪明的小毅跟着围棋老师很快学会了诸如"对杀""打眼""官子"等很多围棋知识。所以，他每次早早来到围棋教室跟小朋友对阵。小毅回到家就缠着奶奶、妈妈下围棋，没人陪的时候就独自在平板电脑上玩。小毅就要参加围棋晋级比赛了，腼腆的小毅有点紧张，妈妈鼓励他"胜负乃兵家常事。"没想到，在一段比赛中，小毅以4胜1负的成绩轻松晋级。转眼学棋四年，小毅已经是三段的小棋手了。

一次，我见到小毅闷闷不乐地呆坐在学校的凉亭里，就上前问他："小毅怎么了？"小毅抬起头看看我，仍然默不作声。"考试没有考好。"他的好朋友偷偷告诉我。"一次考试没考好，有什么大不了的啊！你现在下棋有进步吗？"小毅一听我说围棋的事，顿时兴奋起来。"有啊！我下棋可厉害了！""哦，怎么厉害的。"我装作很好奇。"我赢了班级下棋最厉害的小歌。""这么厉害啊！你是班级的小棋霸了。"小毅一听我的赞扬，乐了。"你班学习最好的是谁。""子昂，他学习最好。""他会下棋吗？""他不会。""那你班学习第二好的是谁？""俊浩，他是个臭棋篓子。""学习他们是好一些，但是你围棋下得最棒啊！"小毅听了我的话，满脸的苦恼烟消云散。"其实学习也不难，你只要像下棋那样专心思考、勤奋练习就能学好了。"

多数家长的目的并不是要培养一个棋手，除非特别有天赋的儿童才会被重点培养。多数家长的价值取向还是通过培养孩子兴趣的同时，使孩子的性格、思维等品质得到锻炼。正像有些孩子学习打篮球或者踢足球，通过对球类运动的兴趣，锻炼强健体魄。下围棋也是一样的，通过围棋训练，可以发展儿童的空间智能和逻辑—数学智能。这些隐性能力的价值反而更加重要。在中国家庭不论是学习乐器还是绘画，大多数家长看重的是隐形价值，而能不能成为音乐家或者画家这些显性价值，家长看得并不那么重要。围棋的智能展示与绘画、音乐或者其他体育竞技活动略有不同，它是通过智慧的对抗，在棋盘上博弈，是复杂的心智活动。通过围棋训练，小毅获得的发展不仅仅局限于围棋技能的精进，空间智能、逻辑—数学智能获得发展的同时，带动了小毅综合素质的发展。有目的的项目训练对儿童多元智能的发展与儿童的游戏活动带来的智能发展是不同的。围棋项目的智能训练带来的多元智能发展是有目的的，且持续增强的。

经过三年的围棋训练，小毅的各方面进步是明显的。在下围棋的活动中小毅的复盘能力和盲棋能力不知不觉地增强。棋盘的空间变化像一幅幅图画一样在记忆中越来越清晰。在学习中，他更加擅于运用这种空间智能，通过位置记忆黑板上的知识和课本上的知识。小毅的逻辑思维品质明显得到改善，已经形成了一种有目的的、有计划的、多角度扩散性的思维习惯。这是围棋活动的"副产品"，这种副产品的价值，甚至与主产品的价值同样重要。小毅的自尊心、自信心在不断增强。棋局的输赢，棋子的死活、取舍让孩子不断受到心智的磨练。从棋盘的小世界到社会的大世界，小小的棋盘给小毅带来了幸福生活和生存智慧。

三、在自我表达中认识学生

教师可以自主设计调查问卷，对全班同学的生活经验、学习兴趣、知识储备与能力水平、认知水平等信息进行采集，结合教师的心理学知识以及敏锐的观察力了解学情信息。这种方法能够使教师更广泛、更真实地了解学情信息。问卷法的优点是速度快，容量大，标准化程度高。但它的缺点是可能不深入。在实施问卷调查时，还应该考虑如何进行问卷调查，要调查哪些内容，问卷的编制与调查步骤，试题的收集，试题的区分度、信度、效度等各方面的问题都要进行细致的分析和充分的准备。

教师一方面可以根据已有的心理学和教育学知识分析学生在某一阶段的心理特点和学习特点，了解学生的学习动机。一方面，也可以根据学生的作业、学业水平以及个人档案等资料对学生目前的知识与技能水平、背景经验、可能存在的困难有所了解。我们面对的学生正处于丰富多彩的童年期，这是为一生的学习活动奠定基础的时期，是心理发展的重要阶段。我们要学习和掌握这一阶段学生的认知、个性、社会性等方面的发展规律，根据学生的心理特征，分析其学习动机，以便更好地开展教学活动。为此，我们要通过文献调研法查阅相关的资料，更多地了解这一时期孩子的学习特点和心理特点，同时结合观察法、访谈法和问卷法，分析小学生的学习特点，掌握丰富的学情资料以及每个孩子的优势智能和弱势智能，有目的、有针对性地开展课堂教学活动，期望取得更佳的教学效果。本部分内容在著者的另一本书《多元智能理论的本土化应用》中有较为详细的阐述。以多元智能理论为基础，结合对学生的访谈资料，编制问卷。问卷题目为二分记分法，每个项目采取是、否评分制。在初测问卷中，根据加德纳的理论构想，参考对多名学生访谈的信息及教师的反馈，从96个项目中对问卷采取内部一致性方法进行项目分析，筛选出区分度在0.3以上的项目若干个。考虑拟施测学生的认知水平、理解能力、生活实际、家庭环境等因素，通过与教师和学生的座谈，再次对区分度在0.3以上的项目进行筛选，用SPSS 11.5对数据进行处理，去除相对不适宜项目，每种智能保留6个测试项目，确定正式问卷的48道题目，分析问卷的信度和效度，最终获得成熟的问卷。经专家评定，这一筛选不影响测试结果的科学性与有效性。

通过问卷自陈，结合家长、教师的日常观察记录，定性地研判学生的优势智能领域和智能组合结构，剖析多元智能课堂中学生差异的特点和基本结构，为每一名学生建立电子成长档案，实行网络化动态跟踪管理，呈现每一名学生智能的差异发展轨迹。

表3.2 某小学二年级（1）班学生智能分布情况

类别		优势智能领域			弱势智能领域		
		单项智能人群（42人）		男生	女生	单项智能人群（42人）		男生	女生

类别		单项智能人群（42人）		男生	女生	单项智能人群（42人）		男生	女生
智能分布情况	博物学家	8	19%	2（4.7%）	6（14.3%）	3	7.1%	2（4.7%）	1（2.4%）
	音乐	1	2.4%	/	1（2.4%）	10	23.8%	6（14.3%）	4（9.5%）
	逻辑—数学	12	28.6%	12（28.6%）	/	9	21.4%	6（14.3%）	3（7.1%）
	人际认知	8	19%	3（7.1%）	5（11.9%）	/	/	/	/
	身体—动觉	1	2.4%	1（2.4%）	/	4	9.5%	2（4.75%）	2（4.75%）
	语言	1	2.4%	1（2.4%）	/	9	21.4%	8（19%）	1（2.4%）
	自我认知	6	14.3%	3（7.15%）	3（7.15%）	4	9.5%	3（7.1%）	1（2.4%）
	空间	5	11.9%	4（9.5%）	1（2.4%）	3	7.1%	1（2.4%）	2（4.7%）

表3.3 某小学二年级（2）班学生智能分布情况

类别		优势智能领域			弱势智能领域		
		单项智能人群（42人）		男生	女生	单项智能人群（42人）		男生	女生

类别		单项智能人群（42人）		男生	女生	单项智能人群（42人）		男生	女生
智能分布情况	博物学家	7	16.7%	5（11.9%）	2（4.7%）	1	2.4%	1（2.4%）	/
	音乐	/	/	/	/	7	16.7%	6（14.3%）	1（2.4%）
	逻辑—数学	7	16.7%	6（14.3%）	1（2.4%）	13	31%	3（7.1%）	10（23.9%）
	人际认知	9	21.4%	3（7.1%）	6（14.3%）	3	7.1%	3（7.1%）	/
	身体—动觉	2	4.7%	2（4.7%）	/	4	9.5%	1（2.4%）	3（7.1%）
	语言	3	7.1%	2（4.7%）	1（2.4%）	9	21.4%	9（21.4%）	/
	自我认知	5	11.9%	4（9.5%）	1（2.4%）	3	7.1%	2（4.7%）	1（2.4%）
	空间	9	21.4%	5（11.9%）	4（9.5%）	2	4.7%	/	2（4.7%）

通过表3.2、表3.3两个班整体智能分布情况的数据分析可知，学生的智能存在着个体间的差异性和同辈群体间的多样性。从优势智能分布情况看，单项智能占比有其相似性，如博物学家智能、人际认知智能、自我认知智能、音乐智能等占比基本持平，但单项智能占比也有其差异性，如逻辑—数学智能、空间智能等，受个体差异的影响，分布不均衡。从弱势智能分布情况看，也会发现一些共性的问题，如语言智能、身体—动觉智能占比，两个班级相似，应该与学生单调、相似的生活背景密切相关。我们认为，学生的多元智能是不断发展的，如果能够给学生创设一定的文化背景或情境，一些潜在的智能是可以被激活的。

❖ 第二节　多元智能课堂学习活动设计

在西方，古罗马教育家昆体良最早论及个性差异并提倡根据学生个性差异进行教育。他认为，人的禀性不同，能力各异、资质有别，教育应根据这些差异来进行。美国著名的差异教学研究专家卡罗尔·安·汤姆林森认为，差异教学是对所有学生的学习需求进行响应的教学，其核心思想是根据学生不同的准备水平、兴趣和学习风格来设计差异化的教学要素，最终促进所有学生都在原有基础上得到最大限度的发展。昆体良和卡罗尔·安·汤姆林森从理论上说了差异教学的必要性。随着理论研究的深入，学者开始关注如何进行差异教学。中央教科所研究员、全国差异教学专家华国栋先生认为，照顾差异的课堂教学要构建整体课堂教学策略，进行认知前提的准备和学习动机的激发，制定照顾差异的挑战性教学目标，调整和组织教学内容，实施兼顾不同学生需求的教学过程。华教授既强调教学要适应多样化的个性，促进每名学生在最近发展区内得到最大限度的发展，又强调通过铺垫、反馈矫正等措施，通过课内外、校内外教育教学的有机结合，使学生间的差距得到适当调适。山东师范大学曾继耘教授认为，差异化发展的本质在于共同性与独特性的统一，社会化与个性化的统一，适应性与超越性的统一。她将课堂教学中学生的发展过程细分为四个环节，即形成活动意向、参与课堂活动、实现意义建构、获得个体体验。她把学生在课堂中的活动大致分为两类：一类是外显的课堂活动，另一类则是内隐的心理活动。黎世法老师认为，异步课堂教学的本质特征是学生个体的六步学习和教师指导异步化的有效统一。六步学习即课前自学、专心上课、及时复习、独立作业、解决疑难和系统小结。人民教育出版社韩华球编辑的硕士论文立足课堂教学，具体探讨了促进学生差异化发展的几个教学策略，如加强教学内容与学生"生活世界"的联系，改革课堂教学的组织形式，变"全班教学为主"为"全班教学、小组合作学习与个人自学相结合"等。

在具体的实践层面，比较有代表性的是杭州市天长小学的"差异教育实验"。"差异教育实验"主张从加强思想教育、强化激励机制，实行班内分组、探讨差异教学，充分发挥优势、组建兴趣班组，家校相互配合、发挥家长作用四个方面进行改革探索。上海市教科院提出分层递进教学的主张，教学要点是：根据不同学生的学习可能性水平，将全班学生分成若干层次；根据各层次学生的学习可能性制定相应的分层教学目标；根据分层教学目标，进行因材施教；及时反馈、分层评价；矫正、调节，确立新的教学目标。与此相关的实践还有曾任中国科学院心理研究所研究员卢仲衡的自学辅导教学实验、上海晋元中学的选择教育实验、北京师范大学裴娣娜教授的主体教育实验等。

综观以往研究成果，学者们更多是基于传统的智力理论和传统的教学评价内容来研究个体差异和差异教学，而忽略了多元智能理论的研究成果。近年来，开始有学者基于多元智能理论来探索差异教学的具体路径。内蒙古师范大学宁玉霞的硕士学位论文《基于多元智能理论的差异教学策略研究》认为，在班级授课制教学中，实施差异教学策略是必要的，也是可能的。该论文以多元智能理论为基础，提出了个性化备课策略、自主选择课程策略、弹性化上课策略、开放化作业策略、多样化考试和评价策略等差异教学策略。

差异化发展是相对于"趋同发展""同质发展""平均发展"等而言的，指向学生的学习行为、学习个性和学习风格。课堂教学中主要有三种差异：一是作为教学活动起点的学生之间的基础性差异；二是作为教学活动终点或目标的学生之间的目标性差异；三是作为学生发展主要推动力量的学生之间的课堂活动性差异。学生的差异主要表现在每名学生都有不同的优势智能领域与智能组合结构。差异化发展指课堂环境中基于学生不同的优势智能领域和智能组合结构，引导学生自主经历主体参与、交往互动的学习实践活动，通过优势智能向弱势智能的迁移带动或各种智能的综合运用，扬长"补"短，优势互补，共享差异资源，实现个性化学习的意义建构，促使所有学生在原有的智能水平上得到有差异的独特性发展。

教师应立足于课堂教学，以促进学生的差异化发展为宗旨，从学生既有的智能差异出发，通过设计和实施多元智能课堂教学活动，变革学习目标定位标准、学习内容呈现方式、学习活动组织策略、学生个体评价指标和作业管理样态等，学生通过自主学习建构达到较高水平上的差异状态。

一、多元智能课堂学习活动设计的理性思考

（一）立足本土

智能能够帮助人们圆满完成一项任务。不同的任务需要不同的智能，或者需要不同的智能组合。课堂学习活动设计应更多地围绕多元智能理论"每个孩子都是潜在的天才儿童"等重要思想，更好地促进学生智能的发展，通过一些特定的与学习相关联的智能训练项目，保障课堂学习活动设计更加有效，更加准确地把握学生的差异与个性特征，促进每名学生达到

最佳学习状态。

（二）基本原则

基于多元智能发展的学习活动设计注重个体化、非线性、情境化和参与式，强调人文观与系统化。人文观的活动设计关注个体学习者的学习能力、个体差异、当前的学习水平和个体发展；系统化的活动设计包括分析学习者特征，分析学习者的学习准备水平，考虑到独特、自我定向的学习者个体的学习风格（表3.4）。

表3.4　课堂学习活动设计应遵循的基本原则

基本原则	简述
目标性（出发点）	尊重知识基础，预示学习目标，渲染建构情绪
民主性（支撑点）	集结参与热情，激发内驱智能，升华知识情感
真实性（切入点）	贴近生活实际，拓展知识关联，活化真实情境
整体性（着眼点）	关注中间环节，指导学习方法，控制内容效度
人文性（创新点）	尊重生命发展，引导价值取向，加强思维力度
开放性（关键点）	丰富课程资源，留足思维时空，发展创新情商
灵动性（制高点）	提高教学技术，提供多种可能，彰显儿童灵性

（三）主要观点

智能具有独立性，且总是以组合的方式运作，人与人的差别主要在于人与人所具有的不同智能组合。我们必须承认并开发各式各样的智能和智能组合，提高学生认知水平，挖掘课堂上的创造性资源，注重培养学生综合运用智能的能力，充分调动学生学习的兴奋点，让每名学生在每节课都有可完成的任务，都能到达学习"沸点"。

基于多元智能发展的课堂学习活动可以让学生的学习得到提高，个性得到培养，差异得到尊重，多元智能得到更好的发展。学生可以比在常规课堂学习获得更高的学习效益，可以掌握一系列解决问题的行为策略和训练方法，提高学习的幸福感和信心指数。

（四）优化目标

差异化发展作为一种教育目标，在目标的定位上体现特定智能的发展。多元智能课堂目标既包括基础性目标，即全班都要达成的共性目标，又包括挑战性目标，即满足学生不同的发展需求、智能优势和学习风格等丰富多彩的个性差异。

二、多元智能课堂学习活动设计的要素

立足于当下班级授课制教学，多元智能课堂主要以学习活动为载体，整体设计思路为：目标—任务—问题。任务将目标细化或具体化为一个有机关联的项目，问题是任务的显化和具体化。

（一）灵活分组弹性化

多元智能课堂采用弹性分组制，小组学习"动态分类"与"互补合作"相结合，成员和规模根据学习任务灵活可变，具有不确定性。

主要形式有：根据特定的学习活动将学生配对、根据相同的智能优势将学生分组和根据不同的智能优势将学生分组，小组经常重新组合以适应学生当前的学习需要。

（二）活动形态多样化

1. 学习任务的呈现方式

围绕学习目标、学习内容和学习方式等维度，从多元智能的视阈划分课堂学习活动的类型，设计动态的分层分类学习活动；

以学程单、导学案、活动单等为载体，根据智能特征、挑战水平、复

杂性、资源、过程、成果等方面设计层递式任务；

重组、改编、整合学习内容，呈现方式多样化，如文字、图片、声音、视频等，满足不同优势智能学生的学习需求；

利用差异化资源，让不同的学生有机会、有可能在课堂上通过不同的学习活动发挥出自身的优势智能，达到对学习内容更好的理解和掌握，让学生用优势智能支持弱势领域的学习，运用优势智能迁移学习内容。

2. 学习活动的组织策略

课前设计自主选择式的前置学程单，将学习目标、课堂活动设计、学法提示等教学思路提前投放给学生，让学生预知学习的行进路线。

课中教学坚持多元智能"手段"优先，兼顾"目的"的原则，唤醒、拓展、教学、迁移、评价等每个学习环节都尽可能与学生的智能（一两种智能即可）相联系，确保学生有机会使用任何一种智能，包括最强的和最弱的智能；学习活动形式更加个性化，小组教学和个人学习同时存在，学生可以根据优势智能和学习需求自由选择学习伙伴；设计情境任务，学生可以运用擅长的展示方式个性化地完成对问题的认识，达成自己的学习目标。

课后作业管理采用"长作业"的形式：一类是基础型课程延伸的学科类作业，一类是专题类综合学习作业。也可以是单项智能风格的分层作业、混合智能风格的差异作业等。

3. 学习工具个性化

建立开放的学习空间和多样的学习环境（如智能学习中心、智能活动角），根据学生学习需求和智能发展状况可以临时调配；开发多元智能学习工具箱，教师将其有选择地融入课堂学习活动设计，为学生个性化学习提供"脚手架"。

（三）差异化发展评价

传统的评价方式过度强调甄别和选拔，多元智能课堂的评价体现发展性，主要为学生找到学习的优势和自信，为改进、激励学习提供具体依据。综合分析学生学力基础、多元智能发展水平及国家的人才培养要求，设计学生差异化发展的基点与级点，即制订学生各项智能发展到不同层次的分级评价标准及促使学生优势智能最佳发展的分段升级评价标准。实施差异化发展评价的途径有：一是定性和定量相结合，采用积分（等级）+评语（师生互动交流）的形式；二是建好学生多元智能成长档案，实行网络动态跟踪管理；三是设计多元智能光谱学习活动，记录"典型表现"；四是废除"三好学生"等固化的评选制度，由"少数人"面向"所有个体"，实行个性化评价，如语言智能表现优异的学生可以评为"小小莎士比亚""语言智能之星"，音乐智能表现优异的学生可以评为"小小莫扎特""音乐智能之星"等。

最终，从课堂核心思想（概念阐述、课堂特性、核心理念、课堂结构）、课堂实践要点（学习目标定位、弹性分组策略、学习任务呈现、学习活动组织、课后作业管理、学生发展评价）、健全课堂机制（学习行为要求、小组学习机制、学生质疑方式、预习操作规范、课堂学习文化、课堂评价标准）等3个维度16个视角，注重不同年段、学科、课时等课堂细节操作与问题的解决，完善多元智能课堂操作系统。

三、多元智能课堂学习活动的组织

（一）完善操作范式，尊重学生需求

1. 课前学习：在情境感悟中唤醒智能

多元智能课堂是给学生提供发展智能的机会和坏境，尊重学生个性发展的课堂。在多元智能课堂中教师运用多样化的教学手段最大限度唤醒每个学生的优势智能，在了解每个学生潜在智能的基础上，能够开发他们的多项智能。由于每个孩子的智能强项和弱项是有差异的，课堂上统一模式

的教学无法满足不同智能特征的学生，而前置学习单却可以实现突围，可以让学生自主选择学习方式，收获多样化的学习成果。例如，在学习《9的乘法口诀》时，教师给学生布置了前置性的学习单。由于学生已经有了编写2～8乘法口诀的基础和经验，因此教师让学生课前编写9的乘法口诀，发现9的乘法口诀的规律，便于记忆。这次学习单的布置不拘于纸张的形式，学生可以把口诀记在本子上，可以记在心里，也可以用算式表示，还可以用自己特有的方法来记住，课堂上只要能够汇报出来就可以。结果，课堂上学生的表现大大超出了教师的预设，学生表现出强烈的学习自主性和展示自我的欲望。有的同学是简单的书写，把口诀编好以后记录在纸上；有的同学是直接背诵，带着一种强烈的优越感；有的同学是在纸上写算式；还有的同学竟然提前翻阅了书本，学习了手指记忆法，在课堂上展示给大家看。课堂上学习活动轻松而有趣，很多学生谈了自己记忆9的乘法口诀的方法和窍门，知识在大家的交流中得到了共享。即便有个别同学在课前偷懒而直接抄写乘法口诀表汇报，此时此刻他也会有所反思，自我认知智能也会有所提升，对他今后学习品质的转变也会起到积极的作用。

2. 课中学习：在多元活动中丰富智能

在《神奇的莫比乌斯环》学习中，首先，教师创设情境：出示长40厘米，宽5厘米的纸条，把纸条的两端贴在一起，形成一个环。其次，设计分层活动：①让学生"猜一猜"：一个纸环的内侧有一点面包屑，外面有一只蚂蚁。如果不让蚂蚁爬过纸环的边缘，你觉得他有可能吃到面包屑吗？②设计"挑战不可能"活动：大家想办法，不让蚂蚁爬过纸环的边缘也能吃到面包屑。"做一做"：把纸条先捏着一端，将另一端扭转180°，再贴起来，也形成一个环。"画一画"：模拟蚂蚁的爬行路线。"剪一剪"：说说自己的新发现。再次，"数字解密"活动中，教师先出示四封信，四封信全是数字的组合，激发学生的探究欲望。接着教师以书信的内容为线索，依次解密：第一封信是身份证号码，在学生在明白了身份证每组数字代表的意思后，教师出示几组身份证号码，在情境中根据人物身份对号入座，再与生活中的火车票、飞机票、学号、快递单号、银行账号、门牌号、条形码等关联，学以致用。第二封信是谐音梗，引导学生通过生活中熟悉的"168""886"谐音梗，明白要找到破解秘密的钥匙。第三封信是手机键盘加密。第四封信是书文密钥。最后，让学生尝试运用数字加密、图画加密等方法与小伙伴们进行书信往来。

3. 课后学习：在迁移拓展中发展智能

《在牛肚里旅行》引导学生联系生活中的实际问题开展学习活动，在实现语文学习目标的同时，提高对自然现象、社会现象的认识，由学生自行设计和组织活动，强调合作精神，注意培养学生策划、组织、协调和实施的能力，开展跨领域学习，让设计思维赋能语文学习。科学的思维和文学的思维是有巨大差异的，但是如果把两种思维结合起来，科学和文学的碰撞却能产生许多令人意想不到的智慧火花。在整本书阅读之前，基于《在牛肚子里旅行》的教学，阅读系列科普童话，以课后第3题"要求学生通过读文能够画出红头在牛肚子里的旅行路线"为突破口，阅读作者的解析文章及《水上飞机》《航天飞机》《跟踪台风的卫星》《我应该感到骄傲才对》《沙漠之舟》等科普文章，采用"阅读地图"，如思维导图、鱼骨图、锚图、维恩图、流程图等，开展深度学习活动。首先，教师设计"我说你猜"活动：① 与童话特征有关。在它的世界里充满了想象，植物、动物不但和人一样会说话，而且也有喜怒哀乐。阅读它，我们能交到很多奇特的朋友，经历一些不可思议的事情，还能获得很多启示。② 与安徒生童话有关。他是丹麦19世纪著名作家，现代儿童文学和童话奠基人，获得了"丹麦国旗勋章"。他一共创作了168篇童话，他的童话给全世界的孩子带来了欢乐，是世界儿童文学的太阳。他写的最著名的童话有《海的女儿》《拇指姑娘》《丑小鸭》《卖火柴的小女孩》等。③ 与《在牛肚子里旅行》有关。这则童话故事里有11个感叹号，一个有一个的妙处；有5个省略号，细细品来各有味道。这则童话故事很有嚼劲，两位主人公在玩捉迷藏的过程中历经一段短暂的坎坷人生。读完它，那份浓浓的朋友之情深深地印在我们心底。接着组织"小组讨论"：回忆课文《在牛肚子里旅行》的学习过程，在小组内说说哪种学习方法给你留下了深刻的印象？如5W2H、想象读、扮演读、线路图等。其次，开展"阅读实践"：① 揭题《我应该感到自豪才对》，据题质疑。② 自主阅读《我应该感到自豪才对》，完成问题，找到中心句子。③ 默读课文，完成图示，让图谱变形（变胖、变长）。④ 出示多种图示，发散思维。最后，"启智延展"。① 本单元童话出现的人物有卖火柴的小女孩、树、青头、红头、蚂蚁队长（课件配图）。② 出示颁奖词例子。③ 学生自选对象，创作颁奖词。

（二）把握学习目标，重在学法指导

课堂学习目标就是课堂教学过程中教与学的互动目标，是课程目标的分解和细化。不管什么样的课堂，都不能偏离学习目标。当然，多元智能课堂的教学也应紧扣课堂学习目标来设计，根据不同的学习内容，采用多样的教学方法，发展学生相应的智能。在教学《望洞庭》时，教师坚持目标导向，以崇实为基，唯美为境，益智为魂，以一斑窥全豹，全方位诠释对古诗教学的思考。

崇实。课堂教学着重体现"三实"。"三实"即真实、朴实、扎实。教学目标的确定牢记一个"实"字，以人为本，关注生命，遵循诗教规律，引领学生一步步地进入诗的意境，走进诗人的生活。诗中有诗，诗外有诗，以诗带诗，把相关的诗词优化组合，既加深学生对原有教材的理解感悟，又丰富拓展其学习内容。课堂面向全体学生，充分挖掘课内外资源，有效地组织学生的学习活动，让每名学生都有展示才能的机会。如组内交流古诗意思，让语言智能较弱的同学先说；诵读有关君山的古诗，收集君山充满传奇色彩的传说等。木桶原理告诉我们，木桶盛水量的多少取决于最短的那块木板。面向全体学生就要照顾到学生的差异，对一般语言智能较弱的学生，要让他们"大胆思维"，让他们意识到课堂是因他们而公平存在着的。这必会扬起他们自信的风帆，自然无须扬鞭自奋蹄，从而促进课堂教学质量的全面提高。

唯美。庄子曾说："天地有大美而不言。"古诗是唯美的艺术，《望洞庭》堪称美的经典。诗中融入了作者大量的想象，是现实与幻想的结合。正因如此，想象的内容给这首古诗增添了一些神奇的色彩，美轮美奂，亦真亦幻，作者对洞庭山水浓浓的喜爱之情跃然纸上。"缀文者情动而辞发，观文者披文而入情。"闻一多也说，既然是诗，就得有"诗的艺术，诗的想象，诗的情感，在诗的王国里，宁可多一点贵族精神，也万不可提倡什么平民风格"。学生要想达到美读成诵，必然要与作者产生情感共鸣，这就需要发挥想象，潜心涵泳，洞察诗人的内心世界，感悟古诗的意境。诗中有画，读诗要想象、重现诗中的画面；画中有诗，读诗要欣赏诗中精妙语言对画面的描述；以诗比诗，让学生悟出学习古诗要运用对比的方法。如诗如画，品诗赏画，古诗词文字精简，是语言浓缩的精华，给读者留下了非常广阔的想象空间。启发学生想象，填补了诗句的含蓄和跳跃，丰富了诗句的语言和画面。学生边读诗，边想象，如临其境，如闻其声。教学中通过多种形式组织学生学习，理解读、对比读、延伸读，由浅入深，由表及里，由课内到课外，无不在循序渐进地为学生营造一个美读、唯美的学习环境。

益智。多元智能理论赋予了智能全新的定义，认为每个人与生俱来拥有八种智能，并至少拥有一项优势智能，优势智能可以带动弱势智能，实现人的全面发展。课堂中要调动学生运用多种感官参与学习，让不同智能优势的学生获得喜欢的学习方式。指导学生看图，让学生想象画面，培养学生博物学家智能、空间智能、自我认知智能；让学生到台前解说，培养学生的语言智能……

总之，在古诗教学中要努力实践叶圣陶老先生提出的吟诵要求："令学生吟诵，要使他们看作一种享受而不看作一种负担。一遍比一遍读来入调，一遍比一遍体会亲切，并不希望早一点能够背诵，而自然达到纯熟的境界。"

二年级数学《观察物体》主要安排了两个例题。例1首先提供了两张同一教室的照片，引导学生根据生活经验判断哪一张是在教室前面拍摄的，哪一张是在教室后面拍摄的，让学生初步学会根据自己熟悉的环境特征判断观察者的位置，从中体会观察者的位置不同，所看到的场景是不同的。例2让学生从前、后、左、右四个方位观察带尾巴的玩具猴，并提供四幅图片，要求学生根据自己的观察和图片的特点判断观察者的位置。教学时，教师先引导学生抓住物体的鲜明特征加以观察，利用直观感受和想象力，判断自己看到的视图，再尝试判断其他视图的观察位置。本节课设立了基础性目标和挑战性目标，基础性目标包括：第一，在具体的观察情境中，初步体会从不同的位置观察物体所看到的形状是不一样的，并学会根据看到的形状正确地判断观察者的位置。第二，借助教具和想象，发展学生的空间智能。挑战性目标为学生可以从直观操作上迁移到对平面图的观察上来，并且可以用准确流利的语言描述自己所看到的画面。具体教学环节如下。

一、情境引入，激活促思

教师做一些夸张的动作，然后捂住左手，问：你发现老师今天左手上有没有戴戒指？同学们说说，观察一定要用到哪里？（眼睛）今天我们这节课除了要用到我们明亮的眼睛，还要开动我们的小脑筋，才可以出色地完成学习任务哦。接下来我们就比一比，看看谁是我们班最厉害的火眼金睛，可以赢得这枚漂亮的徽章。今天这节课啊，我们就来学习——观察物体。

【设计意图：小活动可以把学生的注意力吸引过来，明确今天的学习任务和观察有关。】

二、活动感知，导学明法

教师走到学生们的中间，追问：一二组还能看到我的脸吗？三四组的同学呢？你们知道为什么会这样吗？（板书：位置。）

【设计意图：从最简单最常见的情境中，让学生明白观察者的位置不同，观察到的结果可能就不同。】

（一）从前面和后面观察

1.出示教室的前后两张照片。

请学生先从教室后面往前看，再从教室前面往后看，最后再出示照片。

哪一张是在教室前面拍的？哪一张是在教室后面拍的？

学生观察，分析比较。

小组交流，说说是从什么地方看出来的？

2.小结。

【设计意图：通过观察分析拍摄照片的位置，帮助学生体会位置的不同，看到的结果也不同。同时，通过学生的分析培养学生的观察能力，为学习从其他位置的观察提供思路。】

（二）从前、后、左、右四个方位观察

1.引导学生活动：四人为一个小组，编1、2、3、4号。

每个小组长把杯子摆好，然后按照自己坐的方向把杯子画出来。

学生观察，想想自己画的杯子大概会是什么样子，画出自己看到的。

交流、比较小组四人的作品：画的图一样吗？为什么？哪里不一样？

2.展示交流：将刚刚画出来的四张图片按顺序展示出来。请其他小组的同学猜一猜这是谁画的？是几号同学画的？说一说理由。

验证：请这名同学证实。

交流另外三张图片。说一说是几号同学画的？

3.游戏：找位置。

将四张图片重新放在一起，打乱顺序。

学生任取一张，根据手中的图片，找到是在哪个位置观察到的，就坐在哪里。

【设计意图：本课的重点是让学生体会从不同位置观察物体所看到的形状不同。因此，学习主要以学生观察、小组合作、比较为主，通过画一画、辨一辨、找位置等不同的形式增强学习的趣味性，帮助学生掌握学习的重点，体会观察者的位置不同，观察的结果也不同。学生画出自己看到的情景，在小组中比较、分析不同点在哪里，使学生体验观察的方法，体会观察物体时细节的重要性，加深学生对观察物体的理解，发展学生的空间智能，为学生辨认观察者所在的位置打下基础，从而突破学习的难点。在小组合作中，引导学生去肯定别人，欣赏别人，鼓励别人，体会小组合作学习的意义，发展学生的人际认知智能和自我认知智能。】

（三）出示小猴玩具

1.先明确它的前后左右部位，学生观察。

2.出示图片看一看是谁拍摄的，说明理由。

三、综合应用，启发智能

1.选一选，完成"想想做做"第1题。

2.连一连，学生独立完成：谁看到的图形？用线连一连。

小组交流，学生说一说自己想的过程。

指名汇报。

3.辨一辨，出示飞机模型与图片。

让学生判断是从正面、侧面，还是从上面拍摄的。

4.让学生组成4人小组，选定教室里的一个物体进行观察，要求从不同的角度观察并说出该物体形状有什么不同。

【设计意图：练习的设计重点是引导学生辨认观察者的位置，巩固学生观察物体的方法，并通过学生的描述了解学生掌握的情况，发展学生的语言智能、逻辑—数学智能。】

四、课堂总结，引评拓展

1.在小组内说说这节课学到了什么知识？

指名汇报。提醒学生：观察过程中还要特别注意细节，才能比较准确的判断。

2.学生评价相互的表现。

3.教师对学生表现做点评。

【设计意图：通过学生的反思、互评、师评，加深学生对观察物体的认识，加强学生自我认知智能和人际认知智能的发展。同时，教师对整体表现较好的学生、合作表现较好的小组给予表扬和肯定，使学生获得更多的学习信心。】

五、课后延伸

在家中观察电视机、冰箱等，画出自己看到的情况，比较分析，把自己的发现和父母交流。

【设计意图：数学源于生活，又应用于生活。作业设计，就是让学生把学到的知识回归生活，养成用"数学的眼睛"去观察身边的事物的好习惯，建立学生对数学的兴趣，感受数学与生活的联系，使学生拥有一颗"数学心"。】

（三）改良课堂环境，拓宽学习时空

在教室里建立开放的学习空间和多样化的学习环境，利用教室区角建立各种智能学习中心和智能展示中心，为学生提供相关智能的训练材料，展示学生运用智能学习的成果或作品。

建立专用教室，比如创客室、辩论室、游戏研发室、感统训练教室等，满足不同智能优势孩子的学习需求。让项目研究、综合学习、专项训练、个性评价成果呈现于学校的角角落落。

随着智能时代的发展，顺应教育现代化的需求，以教育信息化带动教育现代化，网络学习已经悄然走进了教学生活。所谓网络学习，简言之，即一人一机背景下支持学习的系统。它将实现信息科技与各学科教学的整合，实现信息科技由"辅助教"向"支持学"的转变，网络学习不仅是一种全新技术下的学习，更是一种学习方式，是人在学校环境中生活方式、工作方式和学习方式的巨大变革，为每一名学生和学习者提供个性化学习、终身学习的信息化环境和服务。基于网络学习环境下的研究性学习，则可以发挥网络优势，推进信息技术与研究性学习的有效整合，促进高效率学习，建设多样化学习终端，探索突破时间、空间的网络学习新模式、新方式，为学生提供一种全新的学习平台。著者曾参加省网络学习专题研讨会，观摩了一节高中研究性学习选题指导网络学习课堂展示课，有收获，也有反思，有心动，也有困惑。

【教学流程】

上课地点：网络教室；上课环境：学生一人一机，可上网

一、导入揭题

1. 出示选题的一般流程：话题——问题——论证——课题

2. 揭题：基于网络的选题自论证

二、论证课题

1. 师提问：第一次来论证课题，怎么来论证？一个选题能否成为课题需要从哪些角度来说明？

（学生积极汇报）

2. 组内交流：教师提示要说明佐证材料。

3. 根据学生讨论与汇报，完成表格，说明选题理由、研究内容、研究方法、保障条件、特色创新与预期成果。

4. 请小组代表说明选题理由（价值性、实用性）。

三、完成《课题论证报告》

1. 出示课堂总任务：以小组为单位，分工合作，利用搜索引擎收集网络信息，完成《课题论证报告》。

2. 指导学生学习搜索引擎：提供中国知网网址、《搜索技巧基础篇》《搜索技巧提高篇》微视频和专业电子文献数据库的应用方法。

3. 教师巡视指导学生完成《课题论证报告》。

4.小组派代表汇报：从课题名称、研究目标、研究内容、研究方法、保障条件、新颖性等方面汇报。

5.师生共同评议后，自主修改完善。

【观课反思】

本节课教师基于网络学习平台，一是通过课件的直观展示，便于教学，二是基于网络，让学生便于收集和处理信息，提高了学习的效率。但热点冷观，静静反思，此节基于网络学习的研究性学习选题指导课引起了我的些许思考。

一、是不是所有的研究性学习课堂都适用网络学习？

本课给与会人员的强烈感受就是倘若不是基于网络学习的平台，其学习效果应该如何呢？一致认为，这节课完全没有必要非得基于网络学习平台。网络学习在研究性学习的其他课型上，如方法指导课，或许更有作用。比如，本课老师给学生提供了搜索引擎，给学生提供了搜索方法的指导网站，给学生提供了两个微视频，然而课堂上学生既没有详细认真地浏览相关网站，也没有充分的时间去观看视频，教师提供的网络学习素材成了摆设。再细观这节课，相较于传统的选题指导课，除了人为地强加了这些网络学习的因素外，其余并无差异。所以，与会人员在研讨中，普遍得出了以下结论：网络学习并不适用于研究性学习的所有课型。

二、是不是忽略了研究性学习的课程本位？

研究性学习强调通过实践，增强探究和创新意识，学习科学研究的方法，发展综合运用知识的能力。学生通过研究性学习，形成一种积极的、生动的、自主合作探究的学习方式。网络学习的主要任务之一是要着力沟通课内课外学习，激发学生的创造意识、创造激情和创造潜能，着力培养学生自主学习的能力，发现、分析、解决问题的能力和思维创新能力，为学生创造更多的实践与表现的机会。两者有异曲同工之处。研究性学习的过程中，学生需要小组的合作，需要人与人的交流，需要运用必要的学习方法以达到学习的目的。本节课，教师为学生提供网络学习手段，在主动积极学习、合作协同学习、选择性学习和人机互动型学习能力培养方面略显欠缺，无形中削弱了学生合作交流、实践创新能力的培养。这有悖于研究性学习的课程本位。

三、是不是真正意义上的选题指导课？

说明执教的是选题指导课，但课上揭题显示是选题论证课，到了最后指导学生填写《课题论证报告》时，却又像一节方案设计课。因为课题论证报告中课题名称、研究目标、研究内容、研究方法、保障条件、新颖性等各项要素，更像课题方案的内容。在这个过程中，学生由于没有充分交流，导致学生汇报时所填的表格内容很肤浅，没有设计出关键的问题与内容。既看不到选题指导的痕迹，也不符合课题论证的规范，方案的设计也欠精致。

毋庸置疑，网络学习可以为每名学生提供个性化的合适教育，可以应用技术开展自主学习，发展学生分析解决问题的能力，可以实现课堂转型，真正体现课堂以学生为中心和教师角色转换，可以泛在学习，学生在信息化环境下随时随地可以进行学习。但网络学习不是单纯的在线课程，不是单纯的"电子书包"，不是让整个班学生都盯着屏幕的课件播放和传授讲解，不是学生无序学习，更不是用技术取代教师。在具体的学科教学实践中，如何规避不足，让网络学习更好地促进课堂转型，显然还有很长一段路要走。

四、多元智能课堂学习活动的实施

（一）根据不同维度设计学习活动

根据学习目标、学习内容、学习方式、学习评价等维度设计学习活动，以自主导学、闯关竞赛、问题主导、前置预习、尝试学习等不同形式的学习单为载体推动学习过程，以课堂观察验证学习效能，以课例分析反思课堂学习活动。

如，从学习目标维度，可以设计知识建构、默会学习、综合运用等类型的学习活动；从学习内容维度，可以设计问题主导、专题研究、经验串联等类型的学习活动；从学习方式维度，可以设计操作、探究、展示等类型的学习活动；从学习评价维度，可以设计互动、再现、静默等类型的学习活动。

（二）根据不同学习活动设计学习方式

加德纳说，大多数学习都以合作的方式完成，即学生一起工作，完成需要具有不同程度技能的一组人才能完成的任务，而且这组人的技能应是互补的。每个儿童都以不同的方式学习，表现出不同智能的结构和倾向。在课堂中，教师要根据不同类型的学习活动设计学习的方式。

（三）依托经验学习回应智能发展

加德纳说，经验是至关重要的，经验与智能两者常常互相影响。经验学习是指通过亲身体验或实际操作而进行的学习。学生运用已有的知识技能和经验，尝试运用一定的问题解决办法，在特定情境中开展实践活动，从而获得实际的活动体验。

五、多元智能课堂学习活动的资源

（一）教材改造，适应学力基础

当下，有些教材内容并不适合不同学习基础的学生，甚至班级之间都存在着明显的差异。这就要求教师在"用教材教"的过程中，做好学情调研，必要时要对教材进行适当的改造，以期适应本班学生的学习现状，更有助于发挥学生的优势智能，让他们的学习更有质感。

（二）教材重组，实现主题教学

从多元智能综合运用和发展的角度思考，对教材进行适当的重组，为学生构建学习内容的智能空间，通过主题单元教学，引领学生开展综合、深度、探究、合作的学习，实现学生多元智能的发展。运用优势智能领域作为通往弱势智能领域的"桥梁"。如，对于特别具有语言叙述天分的学生，可以通过让他们感到惬意的讲故事的方法，引导他们进入有障碍的数学、音乐和科学领域，去理解那些学科的概念。

（三）智能主导，生发课程资源

我们将多元智能理论进行本土化改造，围绕自我知觉领域、自然探索领域、社会生存领域三大智能领域构建多元智能活动课程，建立学科群，开设"基础类""拓展类"等模块课程，"拓展类"课程涉及12个门类、20多门学科。关注学生的智能差异，配套开设多元智能加油站、多元智能服务区、多元智能研究所、多元智能（感统）训练营、多元智能生态（种植）馆等主题活动室（角）。针对智能的专项训练，如设计身体—动觉智能专项训练的主题活动"宠物的家""生活用品的改造"等，设计逻辑—数学智能专项训练的主题活动"奇妙的清单""我的游戏我设计"等。通过主导智能驱动，实现多种智能联动。在"学会观察"综合实践活动方法指导课中，重在对学生观察能力的训练。《江苏省义务教育综合实践活动课程纲要》明确提出综合实践活动课程要致力于学生八种关键能力的培养。而观察能力就是其中重要的一项。《江苏省义务教育阶段综合实践活动课程能力目标》中五、六年级观察能力要求达到的目标是：形成善于观察的习惯，能有目的、有顺序地进行比较全面的观察；掌握正确的观察方法，善于抓住事物的特点，将观察和思考有机结合，善于通过观察发现问题，具有对外界信息的敏锐感觉，从而发现有价值的信息。基于综合实践活动的课程能力目标，小学五年级学生的关键能力发展状况以及认知规律、年龄特征、心智特点等，教师在课堂上对学生加强观察能力的培养与训练是很有必要的。

为了激发学生观察的兴趣，培养学生的观察能力，"学会观察"这节课要以任务为驱动，以活动为主线。教师将学习目标设定为：通过"隔袋猜物游戏"，引导学生观察布袋，学生学会观察，并自己总结出观察方法。在此基础上，教师引导学生运用学过的观察方法观察蜗牛，体验科学观察的过程，并完成观察记录单，进行合作交流，当堂展示观察结果，懂得观察一要有目的；二要调动全身的感觉器官，运用科学的方法；三要做好观察记录。激趣引路环节，设计"观察老师有没有戴手表""观察水果图片"两个活动；导学明法环节，设计"隔袋猜物"游戏；启智延展环节，设计"观察蜗牛"活动，并让学生完成观察记录单；多元评价渗透于学习全程。整节课板块清晰，层层深入，学生对"观察"的认识由不知到熟知，由不会到融会贯通，训练扎实有效，活动自主活跃。学生学会了观察，为以后的综合实践活动扫除了方法障碍，起到积极的促进作用。

【教学片段】

一、激趣引路——感知观察

师（做夸张动作）：哎？同学们看我，今天老师戴手表了吗？（有或没有）到底有没有呢？想不想知道？（想）下面是见证奇迹的时刻（语速慢）。

师（亮出双手）：为什么有的同学说老师戴手表了，有的同学说老师没戴手表呢？

（师帮助学生总结：没有注意看老师的手）

师：同学们，想接受考验吗？（想）请看大屏幕，你看到了几种水果？（出示多种水果图片立刻关闭后出示"问号"图片）

（学生开始心数，不确定）

师：那每种水果又分别有几个呢？（学生更答不上来）

师（再次出示多种水果图片）：同学们，再给你们一次机会，好好把握啊！（学生看完后，自由踊跃地说结果）

师：为什么第一次我们没有确定的结果，第二次却能看出结果了呢？思考一下。（学生自主思考后，回答：带着问题，有目的）

揭示：我们原来都是看水果，而刚才是在观察（板书：观察）水果，因此观察一定要有目的。（师引导学生说，板书：有目的）

二、导学明法——学会观察

过渡：同学们，你们现在都是小小的观察员了，表现积极，思维活跃，为了奖励大家，下面老师和大家一起做一个非常有意思的游戏。

师（拿出布袋）：看，袋子里面有东西吗？

师：我们怎么才能知道里面装的是什么东西呢？（学生回答：打开袋子）

师：打开袋子用眼睛看是最直接的一种观察方法。（板书：眼）但是科学家要是想研究地球能随便把地球打开吗？医生给我们看病能随便就把我们的身体划开吗？（老师手势，肢体语言）打开不是唯一的办法，还有其他的办法吗？请想一想。

（让学生小组内说一说，学生可能会说：用手摸，用鼻子闻，用耳朵听。教师板书：手鼻耳）

师：刚才大家集体讨论出来的观察方法都是很好的方法，说到不如做到，心动不如行动，现在我们就来细致地观察一下布袋。

出示观察任务一：

①坚决不能打开布袋；

②运用多种方法观察布袋里的东西；

③每组推选两名同学准备汇报，一人汇报观察到的物品，另一人拿出袋中物品验证。

（小组长领取装有物品的布袋，带领小组活动。提醒：完成任务后，同学们就静静地坐好）

师（老师注意观察学生完成的速度，将组号按完成顺序写在黑板上）：刚才老师也仔细观察了同学们的表现，各组完成任务的名次记在黑板上了，为了奖励表现好的小组，我们给他们优先汇报权，可以吗？（学生举手表决）

提示：在同学展示的时候要仔细观察，安静倾听。

各组依序到展台前展示，（师随机表扬、追问）袋子留在老师处。

老师追问：是通过什么方法知道的？（其余各组同学看展示，当学生拿出一种水果时）师：如果想知道味道如何，你是怎么做的或是怎么观察的？（尝一尝）板书：舌）

当我们用这些感官去观察时，是谁像将军一样给我们下达命令呢？（学生回答，老师板书：脑）

三、启智延展——体验观察

师：同学们，课上到这里，大家的表现太精彩了，每名同学都是100分，还愿意挑战自我吗？（学生回答愿意）下面我们就以蜗牛为观察对象，综合运用我们的感觉器官，进行一次观察体验活动。

（出示空白《观察记录单》）

师：仔细观察这张记录单，有需要老师指导的地方或者不明白的地方吗？

（学生观察，回答）

观察任务二：

利用放大镜运用刚才学习到的观察方法，重点观察蜗牛的身体、进食方式或运动方式。

（认真完成观察记录单。提示：为了方便仔细观察，可以用吸管轻轻地把蜗牛放到白纸上静静地观察）

（小组活动，教师巡视指导填写记录单）

学生汇报观察记录。（出示空白记录表，学生到台前讲述自己的观察成果）

观察记录单

观察者		观察时间		观察地点	
观察角度	1. 蜗牛的身体　2. 蜗牛的进食方式　3. 蜗牛的运动方式 4. _____（在相应的序号上打"√"，或者在横线上补充）				
观察方法	1. 用眼看　2. 用手摸　3. 用鼻子闻　4. 用舌头品　5. 用耳朵听　6. _____ （在相应的序号上打"√"，或者在横线上补充）				
观察目的					
观察结果					
我的疑惑					

四、多元评价——持续观察

师：著名的昆虫学家法布尔曾经说过：在对某个事物说"是"以前，我要观察、触摸，而且不是一次，是两三次，甚至没完没了，直到没有任何怀疑为止。

同学们，这节课通过我们的自主探究式学习，了解了观察的方法以及怎样更好地进行观察，课后可以继续对蜗牛进行观察，也可以观察其他动物。

综观这节课，有以下几点思考。

（1）设计巧妙，清爽高效

与会人员听完本节课后，除了折服于教师的临场不惧、沉着大气、风趣幽默，感触最深的就是这节课的设计清清爽爽。这节课"调动兴趣—游戏教学—点拨明法—实践运用"的设计思路非常清晰，教师的语言干净利落，教学组织简单有效，学法指导恰到好处。从一开始让学生观看老师是否戴手表，观看水果图片，都抓住了学生观察时最容易忽略的问题，让学生心服口服地意识到观察不是漫无目的的。接下来，教师语言的设计也是非常巧妙、让人折服的。的确是这样，观察的方法不仅仅是"打开"这一种，从而让学生意识到运用身体的各种器官也可以是观察的辅助手段，为后面的摸袋子游戏做了较好的铺垫。"隔袋猜物"游戏符合孩子的心理特征，将游戏引入课堂，寓教于乐，较好地激发了学生的学习兴趣，让学生在玩中不知不觉地掌握并运用了多种观察方法。学生充分地调动了已有的知识储备和生活经验，理解了观察不能只停留在表层，它不是单一的表面的存在，而是一个复杂的学习活动。

（2）彰显自由，收放有度

学生成了学习的真正主人，教师的课堂学习活动设计都是围绕学生如何有效的学习而展开的。在"隔袋猜物"游戏中，学生合作学习，充分交流，每个人都在发挥着自己独特的观察潜质，积极地猜测袋子中的物品。在汇报的时候，教师有意安排学生说出袋中的物品及观察的方法、理由，在这个过程中，附加时间的限制，并且采取了竞赛的手段，把学生的胃口调得足足的。在观察蜗牛活动中，主要是对所学的观察方法的运用与实践，同样是小组活动，引导学生进行了合理的分工，有记录的，有观察蜗牛外形的，有观察蜗牛爬行方式的，有观察蜗牛进食方式的，等等，最后形成了一份完整具体的观察记录。这节课不仅让学生明确了什么是"观察"，怎样观察，而且让学生明确了怎样观察更有效。

总体感觉，这节课上得还是蛮成功的。在研究性学习的方法指导课上，教师应该在充分挖掘教学资源、调动学生学习兴趣、明确教学目标的基础上，给予必要的方法要点指导，把学习的时间留给学生，把实践的空间留给学生。

❖ 第三节　优化多元智能学习方式

霍华德·加德纳说，每个儿童都以不同的方式学习，表现出不同的智能的结构和倾向。毫无疑问，如果我们忽略这些差异，坚持要所有的儿童用同样的方法学习相同的内容，就整个摧毁了多元智能理论这栋大厦。霍华德·加德纳有一个假设：每个成年人至少有一种智能可以达到辉煌的境界。但事实上所有人都需要运用多种智能的组合来解决问题。如拉小提琴，也并非孤立地依靠音乐智能就能完成。要想成为一名优秀的小提琴家，除了音乐智能，还需要身体—动觉智能参与的高难度技巧。舞蹈则需要身体—动觉智能、音乐智能、人际认知智能和空间智能等协同参与。

依据霍华德·加德纳的多元智能理论，解决一个数学问题或者理解一个数学问题，需要其他智能的参与。数学课堂上，儿童学习核心目标是要发展逻辑—数学智能。语言智能对儿童解决数学问题非常重要，如果不能通过语义准确理解数学问题，把握问题的实质，儿童很难正确地解答数学问题。在阅读课文和听讲过程中，也不能更好地理解概念的内涵。据研究发现，有些语言智能弱的儿童，更有倾向选择相对较强的智能解决问题。一类儿童可能选择空间优势智能，理解问题数量之间的关系；另一类儿童可能选择与学习伙伴之间的交互讨论，完善对问题的理解。也有部分儿童对问题的难易程度和自己的能力有较为清晰的判断，他知道问题在哪儿，也清楚自己弱项在什么地方，在学习过程中能有意识地采取措施弥补不足，实现逻辑—数学智能的发展。

理解核心概念是教学的重中之重。利用不同的智能实现理解的多元切入，以及对"理解"的多样性成果的展示，实现儿童有"深度的学习"而不是"表面的学习"，实现课堂多元智能的教和儿童多元智能的学。每个人都拥有多种智能，但其智能结构因人而异，有些儿童的优势智能以先天禀赋的形式存在，更多儿童的智能需要后天的培育和发展。儿童的智能发展还处于初级阶段，具有较大的发展性和可塑性，课堂上要注意运用不同的智能组合帮助儿童理解学习问题发展其多元智能，鼓励儿童运用不同的智能展示对概念的理解，这样既提升了优势智能的发展也带动了其他智能的提高。

一、语言智能的突围

任何一项智能的发展，离开其他智能的支撑是不可想象的。如前文所述，如果儿童语言智能发展滞后，逻辑—数学智能发展就会遇到障碍。一道数学题，有些儿童不能全部理解问题。阅读成为帮助儿童解决数学问题的有效策略。语言是思维的外壳。数学课堂培养儿童的逻辑—数学智能是首要任务，同时要注重儿童语言智能的培养。通过熟读问题，概括出简单的数量关系。儿童解答数学问题过程中，对数学问题的不理解或者理解得不准确，会直接影响儿童的解题。这种情形所造成的解题障碍，对儿童逻辑—数学智能的发展阻碍是普遍而深刻的。

学生的个性化阅读是学生个体从书面语言中捕捉信息并与非认知因素互为影响的活动，存在着个体差异；它是学生借文本中介与作者对话的心理过程，具有鲜明的个性特征；它是教师引导学生进行探究性和创造性感受、理解、评价、鉴赏文本的过程。"一千个读者就有一千个哈姆雷特。"由于每名学生的生活积淀、文化底蕴、审美情趣千差万别，因此这是一种个性化行为。

著名诗人舒婷说过："诗歌只是一粒种子，花朵是你自己培养出来的。"教学中，学生是阅读的主体，我们应还学生以"真正阅读者"的身份，归还学生阅读的主动权利给予充裕的时间。然而现实中的有些语文课，学生的阅读近乎戴着镣铐跳舞，少有真正的心灵自由，很多时候，学生不是在阅读，而是在激情飞扬中追求一致的情感体验，让所有的领悟感受、认识都统一在标准的答案之下。这样，我们也很难看到根植于学生情感土壤上的洋溢着思想的火花，更多的是教师为主，学生为辅，精心合作的"插花"艺术。

在一名学生读完课文后，老师这样评价："××读出了平时最高的读书水平。老师给他得了99.99分，0.01分扣在哪儿呢？请你帮他找一找。"正是由于教师巧妙的评价引导，0.01分给学生提供了一个发表独特见解，个性阅读的空间。"我口说我心"，学生心目当中，100分是完美的，99.99分虽与100分差之毫厘，学生仍想方设想地帮助同学找到失去的0.01分，表现在课堂上，这也体现了一种友爱，一种合作，更是为学生构建了一个个性化的阅读平台。阅读是一种再创作，它不是把文字简单地变为声音，还要以声传情，把一个字、一个词、一个句子刻到诵读者心中。文字不是抽象的概念，而是有生命、有活力的形象。由于学生对文本的理解、感悟、体验带有强烈的主观色彩，存在着一定的差异性，因而，它们在阅读中体现了鲜明的个性，教师要尊重学生的个性化阅读，让学生读出自我，在课堂中读出"千姿百态"。教师要引导学生进行个性化的阅读，要善于引领学生以新奇感、神秘感、无畏感走进一个个文字迷宫，迈进一座座文学殿堂，探索一块块文学新大陆。

引导个性化阅读，同时意味着教师角色的转变，教师要由教材的复制者转变为创造者，由"流水线作业打造标准件的工人"转变为"播种、施肥、浇水、锄草，精心呵护庄稼的农民"，由"金口玉言的权威"转化为"平等中的首席"，由"知识仲裁的法官"转变为靠智慧和人格赢得人心的"精神领袖"，这样，教材的呈现方式就不再是"圣经"，而是"剧本"，课堂就不再是"一言堂"而是"群言堂"，教师不再是一味地教教材，而是用教材教，学生不再是张开口袋等待灌注知识的"回收站"，而是生机勃勃、气象万千的生动群体，是浮想联翩、精神焕发和生成创意的"智慧之星"。

二、每名学生都是积极的问者

在课堂上以"问题"为媒介，促进不同水平智能形态下的互动、沟通和联系，帮助学生在智能上获得持续不断的发展。借助于对问题的语义理解，建构简单的逻辑关系。通过对关键条件的提问，帮助学生清晰概念，推动学生深入思考。在实际问题情境下，逻辑—数学智能的发展需要借助语言智能的发展，而学生通过回答老师的问题，又需要把逻辑—数学智能通过语言智能表达出来，呈现出这两种核心智能之间互相促进、彼此交织在一起的现象。下面是教师基于两则小学研究性学习选题指导教学片段的思考。

随着对小学研究性学习活动的深入开展与探讨，其呈现形式愈发多样化，行走方向愈发明晰化，特别是近年来对研究性学习课型的实践，取得了显著成效。选题指导课作为小学研究性学习的起始课型，从学生的兴趣爱好出发，关注纯粹的儿童生活实际，引导学生提出有价值的问题，使每名学生都成为积极的问者等诸多因素成为小学研究性学习选题指导的永恒话题，这也是关系其课堂质量与效益的核心问题。现就结合其中两节课堂选题指导环节的教学片段，谈谈自己的粗浅思考。

【教学片段1】

活动主题：做低碳生活小达人

一、小组活动，提出有价值的问题

关于"低碳生活"，你想知道些什么？你想做些什么？每人至少提出一个你最关心或最感兴趣的问题，小组内推选一位写字又快又好的同学负责填写表格。比比哪组同学最先完成。

做低碳生活小达人

——我们最感兴趣的问题　　　第（　　）小组

序号	问题	提问者
1		
2		
3		
4		
5		
6		
记录人		

（学生提问并记录，教师巡视指导）

投影出示每组的问题，师生共同筛选。

师：我们班的同学头脑非常灵活，大家在那么短的时间内提出了这么多的问题，我们来仔细读一读这些问题，看看这些问题在表达上正确吗？哪些问题是不要的，或者是属于一类的？

（师生共同交流后，确定可以研究的问题，板书归类：含义和背景、现状、意义、措施、行动等）

二、集思广益，确立研究课题

师：虽然大家总结出了许多有价值的课题，但我们人力有限，不能每个问题都进行研究，每组选出一个大家更感兴趣的课题，填在表格上。

筛选子课题　　　第（　　）小组

课题		我的理由	

（每组学生进行现场整理，群策群力，激情填写，教师进行巡视，避免各小组间的课题重复）

投影出示各小组选择的子课题，进行汇总。

师：面对现在的课题，有些同学跃跃欲试，你可以选择本组已经提炼出来的课题，也可以选择其他小组的课题。现在分组进行研究，开始！

……

【教学片段2】

活动主题：铅笔

一、自行提问，分类归纳

师：关于铅笔，你想知道些什么？你想做些什么？请同学们认真思考，提出一个你最关心和最感兴趣的问题。

（学生马上思考，教师直接提问）

教师随机指导学生进行分类归纳，梳理研究内容。

（1）铅笔的历史（铅笔的由来、铅笔的发明者、铅笔的发展史）

（2）铅笔的成分（制造铅笔的原材料有哪些？铅笔有多少种材料？铅笔芯是用铅做的吗？）

（3）铅笔的制作过程（铅笔是怎么制造的？工序是什么？）

（4）铅笔的种类（铅笔有哪些种类？铅笔写字的颜色为什么有深有浅？）

（5）铅笔的用途（铅笔有什么用途？铅笔为什么能写出字，能画画？收集铅笔画及影像制品）

（6）铅笔的展望（对未来铅笔的设计）

二、团队组合，确定课题

（一）生成小组

师：刚才我们共同对问题进行了梳理归纳，并对问题进行了编号，虽然这些问题都很有价值，但我们人力有限，不能每个问题都进行研究，我们要有所取舍，有所选择。

（学生按照自己的研究兴趣选择共同研究的专题，自由结合成小组）

师：现在小组分好了，但群龙无首，我们需要一个知识面广、责任心强、组织能力好的同学作为小组的组长。

（音乐停，组长选毕）

出示组长职责：

（1）给自己小组取一个响亮的名字；

（2）设计小组活动口号。

（二）生成课题

师：由问题表述成课题还要科学、准确、可行。下面我们看一个例子。

（出示一个规范课题的表述例子：小学生肥胖原因的调查研究。研究的对象是小学生，研究的内容是肥胖原因，研究的方法是调查）

生成以下课题：

（1）铅笔历史的研究

（2）铅笔成分的研究

（3）铅笔的制作过程

（4）铅笔种类的研究

（5）铅笔用途的研究

（6）未来铅笔的设计研究

这两则关于选题指导的教学片段都是由教师提供相应的选题范围与建议，引导学生针对同一问题或主题，根据不同的兴趣爱好和能力水平，选择不同的研究角度和范围，最终通过团队的研究活动获得不同的研究结果，其根本目的都是指导学生学会选择有价值的研究专题。

教学片段1较好地尊重学生的个人意愿，让学生自主选择探究内容，这是研究性学习活动持续进行并有效开展的基础。教学中，教师先是创设情境，学生通过观看图片和视频深化了对低碳生活的认识，并立志做小达人。学生在产生生活感知后，采取小组协作的形式，在组内集思广益，明确分工，此过程中鼓励学生提出不同的问题，并且让每名学生都参与到提问的环节中来，从根本上确保了所提问题的全面性与多样性。在群体活动中，没有"漏网之鱼"，没有"陪客看客"，每名学生都是有效的学习者。在每名学生都针对低碳生活提出一个感兴趣的问题后，教师充分发挥指导作用，利用自身的研究素养，帮助学生进一步地梳理、甄别问题，潜移默化地在学生头脑中建构选题的标准：哪些问题表述得不够准确？是否有属于同一类的问题？问题是否从小处着眼，从近处入手，便于操作？……教师带领学生厘清问题的脉络之后，回归到"趣"字原点，尊重学生的兴趣爱好，引发学生的脑力激荡，有了前期的铺垫，学生学会了取舍与选择，明确了自己的研究需求，学生懂得选择自己喜欢的问题开展研究活动。一言以蔽之，教学片段1注重了以生为本，以学定教，营根固本，正本溯源，准确地抓住了选题指导课的本质。

教学片段2的教学建立在学生把玩铅笔，对铅笔的"身世"充满好奇的基础之上，教师同样要求学生提出一个最关心、最感兴趣或者最想弄明白的问题。与教学片段1不同的是，教师采取了学生自行提问设疑的方式，结果课堂上只有少数学生表现积极，大胆发问，课堂成了少数学生的"舞台"，很多同学则游离于课堂之外。因为是点名让学生当堂回答，学生的参与度受限，学生之间不可避免地出现思维同步的情况，其他同学一旦提出跟自己差不多的问题，一些学生往往就懒于启齿了。与此同时，教师又急于帮助学生归纳，生成如铅笔的种类、历史、用途、制作过程等子课题，整个过程囫囵吞枣，走马观花，总感觉学生的提问不够透彻，始终停留在表面。接下来的分组，亦占用了大量的课堂教学时间，有舍本求末之嫌，丢掉了研究性学习选题指导课的"本色"。整堂课，教师为了完成选题指导任务，始终以自我为中心，牵着学生的鼻子走，学生没有了自主性，被动地进入教师预设的路线，没有提问的环境，提问的基础也不扎实。"巧妇难为无米之炊"，试想：没有较好的问题来源，选题指导课岂不成了无源之水、无本之木？由于整个过程中，教师主导的太多，干涉学生太多，导致学生学习的主动性和兴趣也逐渐消耗殆尽。最后，教师规范了课题的表述形式，这更多的是一种"成人化"的方式，与学生的思维产生了代沟，原本很鲜活、很享受的选题活动，教师给学生太多束缚，太多牵绊，太多条条框框，学生最终不知脚下的路在何方。所举的例子忽视了学生的兴趣需要，并且"撞衫"（恰巧班中有一名肥胖儿童，那名学生看到此例子后，教师看到他的表情很不自然，对该学生产生了一定的心理伤害）。总之，教学片段2中教师本位的思想很突显，以成人化的思维引领儿童的学习，本身就是个错误。学生没有了学习的自主性，完全在教师预设的框架内被动地接受学习，这完全违背了研究性学习的实质。

一般而言，在选题指导过程中，教师通常会走两个极端：一是教师指导不能及时有效，过分强调学生的自主性；二是突出以教师选题为中心，忽视儿童的学习兴趣，学生处于"被学习"状态。小学阶段研究性学习的选题指导课，教师应该走进儿童的心理世界，以儿童化的思维展开学习活动，启发学生提出属于他们那个年龄阶段的问题。教师在活动指导中要给予学生自由选择的空间，不宜硬性规定研究的题目和内容，可通过多种途径和方式，激发兴趣，启迪思维，形成问题。在学生产生研究兴趣和愿望的基础上，进一步引导他们提出研究的题目和思路。在这个过程中，教师只是引导者、倾听者、组织者，让每名学生都能提出有价值的问题，让每名学生都有自己喜欢的研究问题，这就是研究性学习选题指导课最大的成功。

自由选题

一、学习内容

小学六年级综合实践活动选题指导课《自由选题》。

二、达成目标

1. 让学生从自然、社会、生活等领域选择关心的问题，写在问题采集卡上。

2. 学生知道选题的原则，体验怎样选题。

3.学生能够自主自愿选择研究的问题。

三、学习重难点

1.学习重点：学生能够自主提出感兴趣、易操作、有价值的问题。

2.学习难点：学生学会怎么选题。

四、课前准备

1.教学课件。

2.问题采集单。

五、教学过程

（一）板块一：自主先学，观察提问

1.师：当我们来到这个变幻莫测的世界，就经常会问爸爸妈妈这个为什么，那个为什么，像个小问号，把他们问得哑口无言。其实，许多的大科学家，像牛顿、爱迪生，他们也是从一个个的"为什么"走进科学的大门。同学们有没有特别想要研究解决的问题呢？今天，这节课我们就进行自由选题。（板书：自由选题。）

【点评：教师以科学家的事例作为引领，调动学生质疑的欲望，唤醒学生的求异思维，点燃学生问题的"火把"，张扬学生善问的天性，增强了教学的自由度，较好地体现了综合实践活动开放的特性。】

2.师：在课前，老师布置（作业是让）同学们通过观察身边的自然、生活、社会等领域发现问题，并且记录在问题采集单上，（同学们）完成了吗？同学们都是细心的观察员，现在我们来看这节课的学习任务。

学习任务一：

1.拿出课前完成的问题采集卡，认真读一读自己提出的问题，自行修改完善。

2.自主选择一个最想要研究的问题，做上记号。

3.学生自主完成学习任务。

【点评：教师将活动向课前延伸，引导学生更好地去关注自然、社会和自我等领域，用敏锐的眼睛去观察世界，用思考的大脑去发现问题。每一名学生能够基于自我的直接经验，有机会提出学生自主思考的问题，从而进行思辨，进行初步的筛查，确定研究的方向。】

（二）板块二：展示问题，交流反馈

1. 师：同学们扬起了自信的小脸，大脑里的问题在跳跃，已经想好了最想研究的问题。来，一起看我们的第二个学习任务。

学习任务二：

1. 用记号笔把自己确定的问题写在卡纸上，注意书写正确、工整，写好后贴到黑板上。（温馨提示：字要写得大一点，贴到黑板上要让最后排的同学也能看清楚。）

2. 学生自主完成学习任务，教师巡视指导。（提示：黑板上的问题要张贴紧凑，有序。）

【点评：展示的是每一名学生的问题，交流的是每一名学生的智慧。本环节的教学再次面向了全体。每一名学生都有平等的机会展示和交流，所以，综合实践活动的理想状态就应该这样。】

3. 师：同学们书写工整，贴得整齐有序，说明同学们有着良好的学习习惯，其实做学问就要这样一丝不苟。接下来，我们继续用一丝不苟的态度完成下一个学习任务。

学习任务三：

静静地观察黑板上的问题，找出你认为最有价值（或最有意义）的一个，说说理由。

温馨提示：同学们要仔细观察每一个问题，说说理由。（心里说，不出声。）

4.师：有价值你怎样理解？（集体交流选择的问题及理由。）

板书：问题有意义（或有价值）。

【点评：问题"有价值"是通过学生的自主理解与表达，在思想的碰撞中逐渐清晰的。学生静静地观察，特别要求学生要观察每一个问题，并说理由。看似平静的课堂，恍若水波不惊，实则暗潮涌动，学生的思维在不断地跳跃。取与舍，筛与选，思与辩，一次针对问题"甄别"的较量在悄然进行。】

（三）板块三：讨论方法，明确选题

1.师：我们到底该怎样选择问题呢？来，一起完成我们的下一个学习任务。

学习任务四：

对于我们六年级学生来说，研究工作要想顺利开展，应该选择什么样的问题最合适呢？

温馨提示：发言人人有机会；讨论声音（大小）要适度；注意倾听有礼貌；意见不同可补充。

2.小组讨论，教师巡视指导。（四人一小组。）

预设：可以选择一个问题有目的地引导，怎么研究？能不能直接研究？

3.师：同学们的热情高涨，老师为之钦佩，现在同学们一起说一说。

教师引导板书：多数人感兴趣；能够直接研究；问题有意义。

4.师：这时候，我们根据刚才的选题方法再来看这些问题，你的选择有没有改变？（同桌交流。）

5.师：同学们个个都胸有成竹，我们的目标是通过我们的发言，得到其他小组的支持，有没有信心？

6.指名3~4名同学再说。

【点评：完成研究性学习项目从来都不是一个人的事情，需要小组成员抱团努力。本次学习任务需要小组内达成共识，形成共同的研究方向和研究主题。在选题原则的框架下，优选研究主题，并为第三次筛选课题，形成全班共同研究的主题做好铺垫。】

（四）板块四：民主投票，确定主题

1.师：老师觉得你们提出的这些问题都有研究的价值，只可惜我们人力、物力、精力都有限，所以还是选一个既是大家都感兴趣，又能够直接研究且有意义（价值）的问题齐心协力研究，大家说好吗？

2.师：在这么多的问题中，我们研究哪个问题比较好呢？怎么选呢？老师发愁了，谁能当一回小诸葛亮帮我出出主意？你们可以讨论讨论。（学生小组讨论）。

生：我们可以投票。既民主又公平。

3.接下来，同学们再次静静地看黑板上的问题，并思考。然后通过"贴票"的方式，来确定下一阶段的研究主题。

4.确定主题。

【点评：研究性学习内容的确定要尊重学生的兴趣和意愿，充分发挥学生的自主性，让学生自主选择活动的内容，自主实践、自主反思。本环节，充分发挥了民主原则，尊重了学生的选择，让每一名学生都有自主选择权，从小培养了学生的公民意识和民主精神。】

（五）板块五：归纳总结，提出希望

师：通过这节课的学习，相信同学们一定会对怎样确定选题有了更深刻的认识。谁能说一说确定选题时要考虑哪些问题？（指名总结。）

师：要进行有效的探究，我们必须选择一些感兴趣的、与生活紧密联系的、便于操作的问题，这样往往能够事半功倍。在接下来的活动中，老师期待着你们每一个小组都能够像今天这样互助合作争取更精彩的表现。预祝同学们活动圆满成功！

【点评：课堂的总结是学生对选题的再认识，是一次课堂精髓内容的提炼，是学习目标的反馈，是学习过程的再现，是学习成果的检验。】

【总评】

要真正在课堂上实现学生学习的自主建构，选题指导课可以尝试突破。本节课让学生经历了"自主先学，观察提问""展示问题，交流反馈""讨论方法，明确选题""民主投票，确定主题""归纳总结，提出希望"等一个完整的学习过程后，实现了三点突破。

第一，选题的路径让学生从必然王国走向自由王国。

只有自由选题才是学生选题的最高境界。只有基于学生的直接经验、兴趣提出的问题才是学生自己的问题，才是基于学生视角的真问题，才是适合学生研究的问题，从而极大地激发学生的积极性和不断向前研究的热情。在本节课的前两周，教师布置作业让学生通过自己观察自然、社会、生活，从人与自我、人与自然、人与社会三个维度去发现问题，并记录在问题采集单上；然后，在课堂上通过选题方法的指导让他们选出自己钟情的选题。课堂上，每个学生都参与到质疑的环节中来，从根本上确保了所提问题的全面性与多样性。在每个学生都提出一个感兴趣的问题后，教师充分发挥了指导作用并利用自身的研究素养，帮助学生进一步地梳理、甄别问题，潜移默化地在学生头脑中建构选题的标准，即哪些问题表述得不够准确？是否有属于同一类的问题？问题是否从小处着眼，从近处入手，便于操作？……教师带领学生厘清问题的脉络之后，回归到"趣"字原点，尊重学生的兴趣爱好，引发学生的脑力风暴，有了前期的铺垫，学生学会了取舍与选择，明确了自己的研究需求，从而，学生懂得选择自己喜欢的问题开展研究活动。注重了以生为本，以学定教，营根固本，正本溯源，准确地抓住了选题指导课的本质。

第二，选题的策略让学生由独立思考转向激烈争辩。

课堂上可以看到，黑板上的每个问题都是学生最终个人选择的想要研究的问题，这时候如何选择一个主题作为班级的研究主题？在本节课中，老师采用了通过学生们阐述自己的观点来争取其他同学支持的办法。学生积极调动自己的主观能动性，在争辩中思考，在思考中决定自己的选择。

这种争辩是学生对问题的再厘清，这种争辩是对问题的深化，这种争辩是对问题的选择，这种争辩是对问题的坚持。

第三，选题的结果让学生由教师集权迈向真正民主。

在课堂上面对学生们激烈的争辩，究竟用什么方法成就最终的选题？老师采用了学生的民主建议，即完全民主的"贴票"产生主题的方法，充分尊重学生的意愿。让每名学生都有选择的权利，让每名学生都参与其中，让每名学生都觉得自己有权利、有能力去选择想要研究的问题。这"神圣的一票"不光调动了学生们的参与意识，而且更好地帮助学生树立了公民意识，让他们从综合实践活动的课堂上得到综合素养的发展。

通过这节课，我们可以看出学生们提出的问题丰富、广泛，看似开放的课堂，看似学生通过自己的直接生活经验和兴趣自主提出的问题，可沉淀以后，静心思考，仔细品味、分析这些问题，突然发现，这些问题似乎都是社会、媒体、家庭、学校教育关注的热点、焦点问题。四十多名学生俨然四十多个小大人，他们站在成人的视角提出的这些问题，不排除有跟风、讨巧、甚至是讨好教师的嫌疑。那究竟什么才是学生关心的真问题呢？学生在自然的、不受干扰的状态下，这种状态也许是他们躺在草地上闻着花草、泥土的芬芳时，也许是他们在玩泥巴的时候，也许是他们在放风筝嬉戏的时候，也许是他们在草地上捉蚂蚱，在小河里捉小鱼的时候……他们自然迸发出的问题才是学生真正关心的问题。其实，学生真正关心的问题在成人看来甚至不算问题，例如：人为什么会说话？冬天为什么会冷？粉笔为什么会写字？……由此可知，真正的选题指导是走在通往"自由王国"的路上，能够给学生提供让他们找到源自内心世界问题的"土壤"。

三、优势智能带动弱势智能

人际交往需求是每个人的基本需求，是人际认知智能的外显形式。在课堂上运用人际认知智能对学生其他智能的发展同样重要。小组合作是学生在课堂上释放人际认知智能，运用人际认知智能实现其他智能发展的重要平台。低年级学生对问题理解的节奏很慢，教师的节奏稍快一点，学生可能难以跟上节奏，小组讨论对于促进学生多元智能的发展有多重意义。首先，小组讨论解决多种教学节奏不同步的问题。教师和全体学生的学习节奏不同步，教与学脱节；学生之间的学习节奏不同步，各行其是。小学低年级学生对一个简单问题的思考，往往会比成人慢得多。提出一个问题，让学生立刻得出答案很不现实。学生之间的理解、接受能力有很大的差异，有些学生领会了，可能他的同桌还在寻找铅笔、本子。小组讨论的作用就是让全体学生的注意力都集中到问题上来。其次，学生理答速度慢。给学生充分的理答准备非常重要，在小学低年级尤其明显。学生的理答是把本来就不够清晰的思维条理化，并且能够运用语言表达出来，这对于小学低年级学生来说是个很复杂的问题。可以通过讨论、交流，你一言我一语地发言，加深学生对问题的认识，理清"如何说"的头绪。再次，小组讨论是人际认知智能发展的需要。在课堂上抑制儿童人际交往的需要，学生会觉得课堂无趣，产生对课堂秩序的抗拒和对教学活动的抵制。况且，有部分学生正需要通过小组活动，跟同学交流互动、模仿与倾听，学习用恰当的语言把自己的理解表达出来，小组学习活动也恰恰能满足这部分学生学习的需要。

例如，《二泉映月》是一首不朽的世界名曲，著名二胡演奏家阿炳将满腔的悲、恨和爱都倾注在优美的旋律之中。1978年，小泽征尔应邀担任中央乐团的首席指挥，席间他指挥演奏了弦乐合奏《二泉映月》。他感动得热泪盈眶，曾呢喃地说："这种音乐只应跪下来听。"面对一篇解读《二泉映月》的课文，教师把教学的重点放在了文与曲的相辅相成、品读鉴赏上，尝试在语文课堂上发展学生的音乐智能。课堂上追求这样一种境界：书声琅琅、乐曲绵绵、情意切切。教师特意节选了与这段内容相符的一段乐曲，请吕同学进行配乐展示朗读，她是一个音乐智能特强的学生，在乐曲的伴奏下，教师看到了她的泪水涟涟，听到了哽咽倾吐，这是发自内心的哭泣。再看看其他学生，有几个眼圈红了，泪水在眼眶里打转，全班同学都不由自主地跟着小声地读了起来。此时，这篇课文、这首曲子一定会在学生心目中留下不可磨灭的印象。

四、充分认识空间智能

多元智能的课堂尊重学生多元智能的发展，积极地把不同的智能需求转变成有效的教学策略。运用空间感知，可以丰富学生对问题的理解。对于一些问题，尽管使用了语言智能、人际认知智能，仍然有小部分儿童无法理解。通过提供视觉情境帮助学生理解是个较好的选择。这样儿童或许就以"只可意会，不可言传"的方式明白了。日常生活中，问路情形也呈现了相同的模式，有的人打听路怎么走，帮助的人说得再细致，可能问路的人都无法理解。有些人宁愿研究地图也不打算听人说该如何走。这些情形源于智能优势的不同，在同一问题情境下选择什么样的智能策略解决问题也大相径庭。这就给我们的课堂提出一个挑战，就是用尽可能不同的智能形式帮助学生理解问题，从而解决问题，而不是用一种方法和一种形式去满足学生差异化的智能学习需求。

五、激活身体—动觉智能

在班级中，总是有几个活泼好动的学生，他们在课堂上不能老老实实地坐着、专心听讲。安静地待在座位上对他们来说有些困难，有时还要干扰其他学生。这些学生与其他学生不一样，老师时不时地要给予批评教育。他们身体—动觉智能的优势被我们忽视了，我们用静坐倾听的课堂束缚了他们的智能表达。子聪就是这样一个与众不同的孩子。他不爱说话，还有点口吃。在课堂上很少能耐心倾听，他喜欢在座位旁站立，时不时地走动一下。偶尔也有注意听讲的时候，如果要是听明白了，他会在座位上不停地跳动着广场舞的节奏。由于他个头高大，坐在其他位置会干扰其他同学学习，最后一排的宽敞地带始终是他的自由地。课堂上老师留一部分时间帮助学生诵读记忆，子聪像运动场上的啦啦队员，拍着手打着节拍，跟随朗读口诀的节奏跳跃着。在课堂上，要时刻留意不同智能类型的学生，积极创造机会让他们融入课堂的学习活动。于是，教师安排子聪上讲台前来领读。同学很诧异："像他这样的同学怎么能领读呢？"子聪的脸涨得红红的。"不要紧张，你边跳边读就行了。"老师安慰他说。这时老师注意到后排的浩轩，他是一名唐氏综合征儿童，平时专注于打击架子鼓，对课堂无动于衷，偶尔会跟着老师的上课语调，在空中敲击几下。"浩轩，你来敲鼓；子聪你边跳边带着读。"这节课有跳舞的，有敲鼓的，学生应和着节奏，群情激昂地一起诵读。这是一节全体积极参与的课堂，连续几天老师发现他们的脸庞都洋溢着快乐的笑容。如果把每一种智能比喻成一种颜色的话，一节让学生幸福的课堂，就是让每朵有颜色的花朵都有机会盛开。

再如，通过"走进感统训练场"活动，让学生了解感统训练场设置的背景意义和价值，了解器械使用说明的具体内容。能够根据具体器械，组内合作设计科学合理的说明。在活动中，学生能够发现问题，提出问题，尝试找寻解决问题的方法，形成综合运用生活经验解决实际问题的意识，发展了语言智能、逻辑—数学智能、人际认知智能、空间智能、身体—动觉智能。注意力不集中、作业拖拉、多动是学生在学习过程中出现较多的学习问题，教师从最贴近学生的日常现象入手，让学生明白人体器官各部分感觉信息输入组合起来，经大脑统合作用，会对身体外的知觉做出反应。只有经过感觉统合，神经系统的不同部分才能协调整体作用使个体与环境顺利接触；没有感觉统合，大脑和身体就不能协调发展。课前教师组织学生对其中的一些原因，如出生方式进行了调查，全班交流汇报。从生理（即先天性的）环境及人为因素（即后天性的）了解引起感统失调的原因，引起学生的共鸣，激发学生的学习欲望，同时树立学生的问题意识。现有的出生方式和养育方式在一定程度上引发了同学们在学习和生活上这样和那样的问题。这在医学和心理学上称为感觉统合失调。找到原因，如何进行补救呢？感觉统合不足或感觉统合失调会影响大脑各功能区、感觉器官及身体的协调发挥，引发学习、生活等方面的问题，需要进行感统训练来加以矫正。教师以驱动性问题"如何为学校的感统训练器械制作科学、简单的使用说明？"为引领，小组交流讨论器械说明书应该包含名称、功能、适用人群、使用方法、注意事项等。在设计并制作使用说明书后，启发学生思考：除了可以通过说明的方式介绍感统训练场，还可以尝试用其他的方式吗？其实小到一个器械说明的设计，大到我们的人生设计，设计无处不在。最后让同学把设计的说明书提交到学校，希望会被采纳。

在教学实践过程中，教师要发挥好"学生和课程中间人"的作用。教师的作用是把课程内容转化为各种智能形式与学生的智能特征相对接，这样教学内容才能拨动学生的心弦，与学生产生共鸣，被学生理解和接纳。教师有义务帮助学生在课堂上获得愉悦的学习体验，要善于发现学生的优势智能，培育智能的生长点，制定个性化的学习方案。个别学生身体—动觉智能强一些，喜欢从事游戏、运动或者舞蹈，运用逻辑—数学智能和身体—动觉智能组合的模式教学，让学生从中获得更多的乐趣；有的学生音乐智能强，头脑中总是浮动着音乐的节奏和旋律，以至于走路、上课都想唱歌，逻辑—数学智能却发展得不够好，运用音乐智能和逻辑—数学智能组合的模式帮助学生理解，也是一条很好的途径。教师要善于把教学内容转化为多样的智能学习活动，帮助学生对问题的"多棱镜"式理解，激活不同类型学生的学习潜能。以多元智能理论为指导，巧妙运用多种智能的组合，利用智能间的协同作用，帮助智能发展滞后的学生，提供给学生适合其智能特征和发展需要的教学，给学生带来更愉快、更成功的课堂学习体验，也许会收到意想不到的结果。

六、智能的"组合拳"

(一) 从素养视角定位学习目标

新一轮课程改革将三维目标整合提升，强调核心素养的培育，具有整体性、情境性、实践性和反思性。基于课程统整理念，教师需要跳出语文教语文。单元目标的设计要关注语文要素与人文价值的统一，课时目标的设计要关注学科核心素养的培养。语文不再是单一的学科，可以作为主导学科，也可以作为辅助学科，通过设计跨学科实践性学习活动，对接学生完整的生活世界，激发每名学生的学习优势，使其参与到真实的语文学习活动，提高其解决生活实际问题的能力。

例如，《竹节人》这篇课文集读、做、玩于一身，常规的语文课堂囿于学科目标，重在突出语文味。如果从学科走向课程，通过跨学科学习活动，则能最大限度地利用教材资源的价值，最大合力地发挥课程育人功效。在设计目标时，教师以"为低年级学生玩转竹节人"为驱动性任务。在引导学生达成基础识字、精读品悟等目标的基础上，通过"制作竹节人—玩转竹节人—分享玩竹节人的快乐"等阅读探究活动，引导学生聚焦相应段落，品读体悟。然后学生将知识符号转换为实践活动，自主或合作制作竹节人，玩转竹节人，把如何做、怎么玩竹节人的认知转换为设计制作行动，实现教、学、做合一，让语文学习更有深度，更有情趣。在玩竹节人的过程中，不能随意玩，不能盲目玩，在做和玩的过程中要促进学生思维的发展。然后，还可以将语文学习与写作实践结合起来，不必局限于某种文体，创设"学校征稿启事"的真实任务，寻求学校相关部门的支持，鼓励学生写出传统玩具或者老玩具带来的乐趣。

(二) 从跨界逻辑设计学习活动

语文统编教材是以单元进行编排的，虽然文章体例不尽相同，但每个单元以语文要素为统领，旗帜鲜明地体现语文核心素养培育目标。核心素养的价值附着在活动中，是在活动过程中孕育、形成和提升的。教师组织教学时，要基于跨学科学习思维，思考学科逻辑、生活逻辑和学习逻辑之间的关系，以学习活动为主线，融合语文要素，在夯实课堂教学的同时，还要联系社会生活，做到课内与课外的有效沟通，最终实现语文与生活的联系，让语文学习开放而有活力。即基于素养本位，单元统整设计；创设真实情境，参与深度学习；重视问题解决，落实进阶测试。学习活动重在设计学习主题、核心知识概念、关键能力、驱动性问题、学习任务、作品展示等六要素，然后给予学习工具、学习资源、学习策略的过程性支持。

例如，《京剧趣谈》属于六年级上册"体会艺术之美"单元。教师根据学生学习需求，在完成基础目标后，生成研究性学习课题"国粹京剧"。学生自发组成研究小组，从历史、角色、表演、脸谱、服饰等各方面，以资料收集、设计制作、角色扮演等方式，了解京剧的历史、脸谱的特征，编写剧本，分角色表演折子戏，设计服饰和脸谱，利用环保材料制作脸谱和服饰模型，撰写研究报告和课件，举行校园成果发布会。整个过程中，家长、教师、专业人士都成为学生的指导教师，课内课外，线上线下构成了泛在学习的空间。再如，六年级下册"难忘小学生活"部分，教师在学期初以跨学科项目化学习的方式统筹安排，以"临近毕业之际，如何开展有意义的纪念活动"为驱动性问题，围绕主题组建语文学习任务群，把学写毕业赠言、设计制作毕业纪念册、策划毕业联欢会、给老师写信等活动贯穿于学习全程，构建自主、互助和探究的学习生态。

（三）以成长导向开展学习评价

当下，语文学习的评价仍以纸笔测试为主。但对于小学生来说，特别是低年级小学生，纸笔测验具有一定的局限性和隐蔽性，不能较为真实全面地考查学生语文学习的水平。同时，评价作为教学的重要组成部分，它的功能在于诊断和改进，在于激励和帮助，在于触发学生的成长型思维。

总之，评价拒绝单一，提倡多元，应该关注学生的差异，促进学生的最优化发展。

而表现性评价，则可以作为语文学习评价的重要补充。评价的功能在于发现每名学生的优势。评价的形态是极其丰富的，既注重成果的展示，也注重过程的观察；评价的主体又是多向的，可以是教师，也可以是学生，还可以邀请专业人员或者家长参与。比如，在低年级可以推行"无纸笔测试"，以游园会、阅读存折、电子徽章等形式监测学习过程，反馈学习成果。在中高年级，则可以通过举办研究性学习、项目学习成果汇报会，根据学生的智能表现，评选个性化的称号。

跨学科实践性课程的目标、理念、内容、方式、评价都代表了新一轮义务教育课改的方向。面向未来，课程间不应是各自孤立的存在，应该积极寻找其中的契合点、生长点和创新点，加强学科内或学科间的知识整合，通过各类课程的高质量实施，最大限度地发挥课程育人价值，聚力达成立德树人的根本任务。

第四章　多元智能与学科实践

❖ 第一节　学科实践的理解

霍华德·加德纳将智能定义为："一种处理信息的生理心理潜能。这种潜能在某种文化背景之下，会被激活以解决问题或是创造该文化珍视的产品。"①美国学者爱德加·戴尔也认为："'做中学'或实际演练两周后的知识保持率在75%以上。"为此，在教学中要致力于促进学生多元智能的发展，积极探寻关键能力的培养策略，并形成基本的操作路径。

一、学科实践靶向

《义务教育课程方案（2022年版）》提出，培养学生的核心素养，要科学选择课程内容，加强与学生经验、社会生活的内在联系，在课程内容结构化的基础上探索主题、项目、任务等内容表现形式。其中，各门课程用于跨学科主题学习的课时不少于总课时的10%。新课程倡导探究性学习，兼具实践属性，特别是新课程标准的颁布，学科实践已经成为一种学科学习方式，串联整个学习过程，促进学生实践能力的提升，助推学科核心素养的培育。

①霍华德·加德纳. 重构多元智能［M］. 沈致襄，译. 北京：中国人民大学出版社，2008：27.

（一）学科实践内涵

1. 知识的情境化

华东师范大学崔允漷教授认为，学科实践是具有学科特征的典型实践，学习者在正确的价值观引领下，运用一些学科的概念、技能与思想，解决真实情境问题或者创造新产品。在学习过程中注重丰富学生的实践经历，强调学生在真实情境的动手与动脑中完成学习任务。学科实践不能用语言或符号直接传递和同化，而要在"做事"中掌握和顺应。在美国科学史家托马斯·库恩的应用性知识范式论的启迪下，学科实践是概念性知识与情境任务相结合的产物，源于学生在真实情境中通过体验、迷思、感悟等方式对学习现象的探究。

2. 学习实践化

学界普遍认为，学生习得的学科知识是抽象的、普遍的，而课程学习内部则是丰富多彩的、充满挑战的。所以，在生活世界中，学生面对挑战性任务需要具备一定的学科实践，以应对探究领域中的复杂现象。新课程改革提出"学科实践"的思想，旨在引领每门学科教学的实践性和综合性，推进学习与生活、社会、自然领域相联系，让学生逐渐具备学科专家一样的思维和见识。

学科实践强调基于知识的实践，更需要在实践中建构、迁移和创生学科的专业知识，对于促进学生发展、学习进阶和课程创生等方面具有重要价值。一是促进学生差异化发展。在学科实践的习得过程中，学生的学习方式更加多元，也有更多的学习机会，不同基础、不同优势的学生得到适合的发展。二是实现学习的进阶。学科实践成为学生联系书本与生活现场的桥梁，促进学生在不同的经验基础上持续性地运用知识解决真实问题。学生的学习不再是静态的、固化的，不再是单纯地"坐而论道"，而是动态的、个性的。三是赋能未来。学科实践映射的是学生在自我成长过程中，经过漫长的过程外化和迁移而获得解决问题的能力，这是学生的立身之本，是适应未来生活的必备素质。

3. 学生的自我建构

学生的"个在"是丰富多彩的、有差异的。学生不仅是理性人，还是情感人。教育不仅要研究学生的一般性，还要聚焦学生个体的差异性，尊重学生的自由和尊严。学生天生有"四种本能"：社会交往本能、建造本能、探究本能与表现本能。①实践性课程可以为学生搭建更多的实践学习平台，可以催生多样的学科实践的需求。学科实践也有助于学生掌握重要的学科概念，养成科学思维的习惯，提高跨学科实践能力，从而解决真实生活中的问题。学科实践作用于学生心、脑、身的发展，学生的协作学习意识、探索精神、审美品质和创意物化能力都得到了长足的发展，从而促进学生的自我实现。

（二）学科实践锚点

1. 以行动为中心的学习知识迁移

学科实践是复合性的、高度整合的，它的本质是在学习中行动、在行动中学习，浸润着"知行合一"的思想。学习行动凝结了认知、文化、价值、伦理等诸方面要素，因而，以行动为中心的学科实践是个混合体，是经验的、理性的，蕴含着实践智慧。学科实践的内容大致包括以下四方面。一是重要的学科观念。课程是以主题或大概念为单元建构内容框架，主题或大概念中包含一些重要概念，渗透着课程的思想观念，倡导学生在实践中习得，在这个过程中学生需要运用跨学科的知识，尝试分析和解决问题。二是学生在实践学习中获得的经验和技能。随着学生学习经历的丰富，学生逐渐拥有了一些"隐性经验"，而这类经验往往隐藏在实践学习中，需要进一步总结与提炼。隐性经验经过萃取，能为学生进行学科实践。同时，学科实践又指向一种方法论，学科关键能力可以将实践经验转

① 张华. 儿童发展、学习进阶与课程创生：《义务教育课程方案和课程标准（2022年版）》内在追求 [J]. 中国教育学刊，2022（5）：9-16.

化为可复制的方法，让学生"学得进，带得走，用得上"，从而服务于学生的未来生活。三是自我评价的智识。加德纳认为每个人天生拥有自我认知智能，即深入理解自己内心世界并用于指导自身行为的能力。学生的学科实践包括自我评估、自我反思、自我定位。在学科实践中能够逐渐清晰地认识到自我的学习、性格、特点等基本情况。四是成长型思维。成长型思维认为人的天赋潜能可以通过后天的习得激发，学生在成长过程中更愿意迎接挑战，更热衷于把学习和失败作为成长的阶梯。具备成长型思维的儿童普遍拥有积极、自信、进取、开放等优秀品质，以及较强的实践力、创造力和耐挫力。

2. 以学科为路向的多维实践方式

学科实践侧重于现实表现，一般体现为探究、制作、体验、服务等复杂的样态。课程的学科实践主要体现为图式、语言和行动等三种形态。一是图式。图式是知识存在于人脑中的认知结构，学生通过可视化支架表达实践成果，将智慧、经验、信息、结构及抽象的思维融合在图式表达中。学生在整体性思维的驱动下，将学习视为一个整体来描述，既提供学习的"大图景"，又设计清晰可辨的学习路径。一种是显性的图式，如维恩图、知识树、鱼骨图等。另一种是经验的图式，即做事的思维方式和实践方法。二是语言。语言是思维的外壳，也是实践的经验。语言的输出与表达指向语用的实践活动。学科实践语言风格的背后反映着特定的话语方式，如情境化的话语方式、学理化的话语方式。学科实践一般是非命题性知识，其特征是"通过寓居而认知"，"强有力的知识"内隐于个体的行动之中，表现在具体的范例之中，具有显著的个体化和情境化特征，难以用语言文字进行表达和传递。三是行动。行动具有一定的规则性，通常是比较具体的，操作性强，且有明确的程序。比如，在主题探究课中，教师可通过"创设情境，引出主题；启发实践，提出问题；小组合作，探讨问题；成果分享，归纳问题；教师指导，解决问题；交流评价，拓展延伸"的教学设计，让学生通过定义问题、参与体验、分享归纳、评价反思的层层递进过程建构学科实践的意义。①

3. 以链条为载体的学习结构优化

学科实践是认知密集型的实践活动，是一种无法用语言规范描述的个性化表达，学生可以通过身心系统性参与的亲知行动直接获取知识经验。课程指向学科实践的学习进阶有两种形态：一种是意义建构维度，意义建构是"内化—外化—迁移"的过程，以回忆联想、含义厘清、区分异同、体系分类、归纳证明、观察演绎为主要形态，回忆联想、含义厘清指向理解知识点的内涵，区分异同、分类体系指向知识的系统化，归纳、演绎指向与应用情境的联系；一种是能力生成维度，能力生成是"示范—模仿—实践"的过程，以分析观察、创建实操、改进提升、解决问题为主要形态。分析观察指向沉浸式分享，创建实操指向创造性实践，改进提升指向协作式反思，解决问题指向素养的达成。

（三）学科实践探索

1. 在亲知行动中把握直接经验

"亲知"是指学生在做事、活动、行动中，与事务对象亲身体验而产生的一定经验和情感。相较于"间接"得到"事实"的结果，在亲知行动中学生需要自主获得观念和理解。学科实践就是将学生在生活、游戏、活动中的原始经验积累，与所要做的事情、确要解决的问题联系起来，形成自我的理解。

修订后的课程标准升级了课程的培养目标，确立了课程要围绕核心素养实现全面发展，教学要根植于真实情境，亲历知识的产生和使用过程，迁移生成概念性理解，形成能做事的能力和品格。社会生活中的每一种物质、每一个情境、每一项活动都能够直接对身体感官形成刺激，激发身体活性去"体认"与其相遇的知识形态。课程特别强调"做中学、用中学、

---

① 纪德奎，乔虹. 主题教学的本质、实施现状及改进路径 [J]. 教育理论与实践，2021，41（1）：55-59.

创中学"，主张引导学生在参与学科探究的活动中，建构和运用知识解决问题，创造学习的价值，形成学科思想和方法。

意大利著名教育家罗里斯·马拉古兹认为，每个人都先天地知道如何与世界相联系，课程必须使学生通过各种各样的符号和图案的方式来表达他们的理解，这些方式包括说、写、运动、绘画、建筑、雕塑、皮影戏、拼贴、戏剧表演和音乐。[①]在具身原则下，课程建立概念与事物之间的联系，解放学生的学习束缚，让学生触摸真实的学习对象，在"身体动起来"中积累学习的经验，彰显身体的作用，注重身心和谐，强调身体参与性，将知识嵌入情境中，实现学生的身体在场和身体自觉。从学科实践的视角来看，由于知识和教育经验存在着关联，有些时候学生的能力表现为知识的即时运用，在任务、情境、问题的驱动下，学生通过应用知识分析实际问题，以及知识在情境任务中的拓展，不断获取和迭代学习经验。

2. 在学习进阶中展开持久行动

当下，学科内容聚焦为学科大观念或者大概念，并且要根据学生认知方式的不同，努力转化为学生能够探究的实然形态。心理学的研究成果表明，个人核心素养的形成，即运用大概念或大观念解决复杂情境中的复杂问题，一方面要浸润学科实践，赋予学生学科专家的思维，另一方面也说明"罗马城不是一天建成的"，需要时间的沉淀。学习进阶是基于经验积累，对学科大观念的设计理念和操作路径，按照布鲁纳的螺旋式课程思想所开展的序列化行动。可见，核心素养经历后天培养，具有发展性、周期性、长期性等特点，学习进阶是必由路径。

3. 在范例学习中实现知识建构

对符号、概念、原理等应用的过程，也是学科实践的生成和发展过程，同时作为一种独立形态，学科实践又涵盖技能、思维、策略等要素。

①埃利斯. 课程理论及其实践范例［M］. 张文军，译. 北京：教育科学出版社，2005：75.

人们不是通过抽象的形式来学习理论知识的，而是通过理论知识的具体应用来学习的，理论的应用是具体的，所以通过应用来学习实质上就是通过具体的范例来学习。课程知识的活态表现贴合学科实践的范例优先性。范例学习包含师徒制、动作神情的模仿、精神气质的熏陶等。学科实践包括大量的知觉性体验和情感性沟通，需要师徒间的接触。只有通过现场的感知与陶冶，内心的对比、联想、共情等，才能获得对学科实践的心领神会。学生可以在生态馆等基地近距离观察一些活着的自然生物，体会自然生物科学表现和相处细节等知识内容，学生也可以通过种植、养殖实践，在亲力亲为中体悟探索、发现、分析和抽象等学科实践的产生过程，真正理解和拥有学科实践。课程的范例优先一方面是引领学生"走出去"以获取知识，另一方面是建构叙事性课程，把课程还给知识。"实际生成的环境、人物及其相互关系、时空过程等要素彼此相连相通"，构成具有现实意义的完整叙事。学生置于动态的课程叙事里，以"局内人"的角色融入叙事生活的各种滋味中。因此，学科实践的生成与发展需要学生强烈的能动性，还要强调真实的社会性。

在当前的课改进程中，学科实践与学生核心素养的培育相辅相成。学科实践倾向于判断力、学习力、创新力等个体素质的发展，也必然要依靠学科实践的构念，突破固有的惯性思维与行动惰性，加强知识意义、过程和价值的理解与运用，赋予学科实践育人功能，从而实现学生智能的全面发展。

二、学科实践突破

（一）巧用多元智能理论，实现学科内整合

西南师范大学杨晓萍教授在《多元智能与基础教育课程建设》一文中指出："多元智能理论给基础教育课程设计的启示：课程教材要进一步面

向学生，面向生活，课程教材要进一步个性化，丰富根据学生个性开设的选修课。"学生的发展是课程的出发点和归宿。也就是说，从课程开发到课程实施和评价的每个环节，都必须建立在理解学生、尊重学生个性和智能差异的基础上。课程必须适应学生的需要，而不是使学生被动地适应预先规定的课程。当前教材的编写多从学科知识结构的特点出发，知识的整合多为同类型的内容，也就是说把同一知识体系的内容整合在一起，去建构学生某一学科知识体系。这种知识的整合在很大程度上制约着学生多元智能的发展。多元智能理论为我们提供了一个窗口，让我们重新思考对学生的学习来说什么是最重要的；同时它提供了一种学习方式，让我们丢弃那些没有价值的和过时的教学内容，重新构造学生的学习，让他们也可以把学习集中于意义和概念上，而不仅仅是集中于事实中。

通常情况下，我们将语文的综合性、实践性理解为识字、写字、阅读、写作、口语交际等，也常指听说读写。为了增强课程的实践性，统编教材单列"综合性学习""语文园地"板块，但在具体操作中，由于评价方式单一、评价设计空白等，存在着落实不到位的情况。作为母语课程，语文的学习渗透于学生生活的各个领域，也必然与其他学科产生千丝万缕的联系。语文新课程标准的颁发给了语文学科以全新面貌，这对于小学阶段的语文教学具有重要的指导意义。比如，学科核心素养、学习任务群等思想的提出，都需要我们积极回应变革，走出语文教学传统思维的局限，尝试跨界学习。所以，我们应该将视域拓宽，把视线拉长，凸显语文课程的综合性、实践性，指向创新与运用，指向学生综合素质的提升。

语文学习要让学生"在游泳中学会游泳"，为学生创设真实的生活情境，让其掌握适应社会发展的语文学科素养。这种素养一般表现为谈吐、举止、书写、写作、表演、朗诵、气质等各个方面。在某种情况下，这种素养还可以聚合为人的一种思维方式，甚至影响学生的信仰观念、处世方式和社会生存能力。学生通过语文学习主动发现语言文字的美，感悟祖国文化的魅力，形成良好的交际和表达能力。我们要让语文素养外显于生活常识中，无论是道德层面，还是行为层面，情境化、趣味化、生活化都应作为学习的基点。语文只有将这些饱含民族文化精髓的语言置于学生的日常言语之中，不断根据语境进行调用，不断适配学生当下的心境，不断对应学生要表达的观点，它们才能真正植根于学生言语结构的深处，完善其言语图式。统编小学语文教材根据不同的维度、不同的体裁、不同的语文要素、不同的学段等因素可以划分为不同的内容领域。在这样的逻辑关系中，我们既要审视与思辨，又要整理与复盘；既要关注其贯穿性，又要关注其层递性。比如，统编本教材三至六年级四个"综合性学习"单元，分别以"传统节日文化""诗歌文化""汉字文化""成长礼仪文化"等作为人文主题，清晰地串联了一条文化体验学习的学习链。

随着课改往深水区迈进，语文学习要突破边界思维，肩负起课程育人的使命，寻找教材中语文学习的生发点，打破教材和时空的束缚，以单元整体设计，将语文内容转换成大主题、大情境、大任务，以跨学科的理念和形态打开生活语文的大门，实现学习时空从课内到课外的延伸，学习内容从教材本身到学习素材的拓展，知识结构从内化吸收到释放运用的升华。大量的研究实践证明，考察探究、设计制作、职业体验、社会服务等学习方式可以灵活地迁移到语文的跨学科学习中，较好地发挥语文学科育人的旨归，实现语文素养和精神的共同发展。学习《竹节人》时，班级中一些对此感兴趣的同学尝试从做中玩、玩中学，既有文本的学习，也有丰富的实践，增加了他们语文学习的兴趣；《京剧趣谈》是篇略读课文，但"教材无非是个例子"，学习不应止步于此，可以创造性地使用教材，将其转换成活动主题，生成学习的资源，开展跨学科实践性研究，让学生从多维视角系统领略中华优秀传统文化的魅力。所以，语文的学习应该走向专题化，引导学生进行跨界学习，强化语文学科实践，培育语文学科智能，提高学生的综合素养。

品"奇观"意境 悟文字之妙

——《海上日出》（第一课时）教学实录及评析

【教学实录】

板块一：激趣引路，披文入境

师：今天我们一起来学习第16课《海上日出》（齐读课题）。你从题目中知道了哪些信息？

生：这是在海上看日出。

师：你说到了地点和事件。如果要强调在哪里看到的日出，怎么读？

生（齐读）：海上日出。

生：日出是在早上看到的。

师：你补充了时间。如果要强调在海上看到了什么景象，怎么读？

生（齐读）：海上日出。

师：请你欣赏几张日出的图片，并用一个词语说说你的感受。

生：美丽。

生：壮观。

生：明亮。

……

师：文中有一句话直接写出了作者的感受，请同学们浏览课文找一找。

（生汇报：这不是很伟大的奇观吗？）

师：知道这句话是什么意思吗？

生：这就是很伟大的奇观。

（师板书：伟大奇观）

师：请你读一读这句话。

（生读）

师：你为什么要这样读？

生：我想表达一种对海上日出景象的赞美之情。

师："这"指的是什么？

生：海上日出。

师：接下来，就让我们一起走进课文，体会巴金先生笔下的海上日出奇观。

板块二：初读课文，疏解字词

师出示：

学习任务一：1.自由地、完整地把课文读一遍，读准字音，读通句子，难读的词句可以多读几遍。2.读完后想一想：作者写了哪几种天气情况下的海上日出景象。

（学生带着要求自由读书、思考）

师：谁能带领大家读好这些生字新词？

师出示：

扩大范围　负着重荷　一刹那间　镶了金边

（请一名学生当"小老师"领读，其他学生跟读）

师：对。"荷"在这个词里读第四声，念"hè"。

出示：负荷

生（读）：负荷（hè）。

师："荷"是一个多音字，还有一个读音念"hé"。你见过这个读音组成的哪些词语？

生：荷（hé）花，荷（hé）叶。

师：根据预习情况的反馈，我们班有37名同学认为"镶"字难认难写。大家一起观察，写"镶"字要注意些什么？

生：要注意左边窄右边宽。

师：你观察到了整个字的结构。

生：右边部分有三横，注意别少写了。

生：左边部分的撇要注意穿插避让。

师："镶"字笔画较多，我们在写的时候要注意写得紧凑些。

（师范写。学生临写。展评）

板块三：整体把握，理清结构

师出示：

巴金先生在文中写了哪几种天气情况下的海上日出景象？

师：下面我们来交流这个主要问题。

生：课文写了天气晴朗时海上日出的景象。

生：课文写了天空有云堆时海上日出的景象。

生：课文写了天空有黑云时海上日出的景象。

（师依次板书：天空晴朗时　天空有云堆时　天空有黑云时）

师：谁能连起来说一说？请同学们组织一下语言。

（生思考片刻。）

生：课文先后写了天空晴朗时海上日出的景象，天空有云堆时海上日出的景象，天空有黑云时海上日出的景象。

生：课文先写了天空晴朗时海上日出的景象，再写了天空有云堆时海上日出的景象，然后写了天空有黑云时海上日出的景象。

师：很好。刚才两名同学分别用"先后""先……再……然后"组合成一句话，就把这三种情况的海上日出景象说得清楚明白了。这种用简明语言表达课文主要内容的能力就是概括，这是一种可贵的能力。

板块四：聚焦段落，体会写法

师出示：

学习任务二：默读第2、3自然段，思考：巴金爷爷是从哪些方面来具体描写晴天时日出景象的变化的？（边读边圈画关键词）

（学生默读、思考、批注）

师：哪名同学先来说？

生：巴金爷爷通过颜色的变化具体描写了晴天时的日出景象。

师：你是从哪些词句看出来的？

生：浅蓝、颜色很浅、红是真红、深红。

师：其他同学有补充吗？

生：我从"小半边脸""圆东西"看出了形状的变化，从"没有亮光""发出夺目的亮光"看出了亮光的变化。

师：嗯，说得完整而有条理。请继续补充。

生：海上日出的位置也在变化。读了第3自然段中的"努力上升""冲破了云霞""完全跳出了海面"等词句就可以知道了。

师：巴金先生从颜色、形状、位置、亮光等方面写出了太阳的变化。同学们读出了画面感，谁能来说说晴天时海上日出的景象？

（教师结合学生的回答，完成板书：颜色 形状 位置 亮光）

生：一开始天空是浅蓝色的，转眼间天边出现了一道红霞。过了一会儿，太阳露出了红红的小半边脸，太阳慢慢地上升。到了最后冲破云霞，跳出海面，颜色红得非常可爱，一刹那间，太阳就变成了一个深红的圆东西。

师：他用上了表示时间的词语，把晴天时日出的过程说得很连贯。但是，有没有同学发现刚刚他在说的时候漏了太阳哪一方面的变化？

生：亮光。

师：你能补充后说一说吗？

生：一开始天空是浅蓝色的，转眼间天边出现了一道红霞。过了一会儿，太阳露出了红红的小半边脸，但是没有亮光，太阳慢慢地上升。到了最后冲破云霞，跳出海面，颜色红得非常可爱，一刹那间，太阳就变成了一个深红的圆东西并发出夺目的亮光，旁边的云都有了光彩。

师：嗯，你不仅能够读进去，还能够讲出来，真正把书读厚了。接下来，我们一起通过朗读感受晴天时的海上日出景象。谁来读一读2、3两个自然段？

（其他同学闭上眼睛，边听边想象画面）

师：读着读着，我们发现随着时间的变化，眼前的画面也在不断地变化。你们脑海中有没有出现这些画面？

（出示四幅晴天时日出过程的图片）

生：有！

师：我把这些图片放好了，这就是日出的整个过程了吗？

生：不对。

师：哪里不对？

生：顺序不对。

师：好，请你上来帮老师按照顺序摆一摆。

（一名学生到黑板前排序）

师：现在，我们按顺序来读读描写这些画面的句子吧，老师读红色字部分，大家读黑色字部分。

（师生配合读）

师：大家有没有发现巴金爷爷是按照什么顺序描写海上日出的？

生：是按照时间顺序来写的。

师：按照时间顺序写出了什么？

生：海上日出画面的变化。

生：太阳变化的顺序。

（师板书：太阳变化的顺序）

师：短短的181个字，按照太阳变化的顺序将太阳颜色、形状、位置、亮光方面的变化写活了，实在是不简单。老师在备课的时候，将第2、3自然段读了十多遍，才渐渐体会到巴金先生为什么称之为伟大的奇观，老师也希望听听你们的理解。

师出示：

学习任务三：默读2、3两个自然段，哪些词句让你感受到这是伟大的奇观？说说自己的理由。

（学生默读，边读边想象画面，作批注）

师：谁先来和大家分享？

生：第2自然段前两句。

师：请你读一读。

生（读）：天空还是一片浅蓝，颜色很浅。转眼间天边出现了一道红霞，慢慢地在扩大它的范围，加强它的亮光。我知道太阳要从天边升起来了，便不转眼地望着那里。

师：老师发现你在读"转眼间"这半句的时候速度快，读到"慢慢地"又放慢了速度，你为什么这样读？

生："转眼间"表示速度很快的意思，"慢慢地"写出了过程的缓慢。

师：是的。"转眼间"写出了天边云色变化之快，"慢慢地"写出缓慢的速度，作者把动态变化写得既细致又真实。我们读的时候也要注意轻重缓急。来，一起试试。

师：请继续分享。

生（读）：太阳好像负着重荷似的一步一步，慢慢地努力上升，到了最后，终于冲破了云霞，完全跳出了海面，颜色红得非常可爱。

师：这句话的哪些关键词抓住了你的眼球？

生：太阳好像负着重荷似的。为什么呢？

师：老师也曾有这样的疑问。同学们，"重荷"是什么意思？

生："重荷"就是沉重的负担。

师：这个问题的答案也许能从这篇散文的写作背景中找到，请你来读一读。

（出示写作背景：1927年，巴金先生乘船赴巴黎留学，他把旅程见闻整理成《海行杂记》39篇，《海上日出》是第23篇。巴金先生当时生活的年代，国家正处于动荡时期。巴金先生带着报效祖国的使命去法国留学）

师：课文中写太阳负着重荷，实际上是谁负着重荷？

生：老师，我觉得那个太阳就是当时落后的中国，在艰难努力地上升。

师：你的理解真深刻，你可以带着自己的理解来读一读这句话吗？

（学生读句子）

师：除了中国负着重荷，还有谁负着重荷？

生：巴金先生也带着沉重的负担出国，希望能够早日回来报效祖国。

师：巴金先生当时离开祖国去法国留学，带着沉甸甸的使命，希望学成归来报效祖国，所以巴金先生看着太阳时，会感觉到他像负着重荷似的，一步步上升。把你的体会放进朗读中，好好读一读。

（学生自由朗读）

师：同学们，文中还有哪些精妙之处？

生（读）：一刹那间，这个深红的圆东西，忽然发出了夺目的亮光，射得人眼睛发痛，它旁边的云片也突然有了光彩。

生："一刹那间""忽然""突然"写出了太阳变化很快，让我非常惊讶。

生："夺目的亮光""突然有了光彩"让我感受到巴金先生对日出景象的赞美。

师：赞美了太阳的什么精神？

生：太阳努力上升，虽然过程艰难，但是依然没有放弃。

师：的确如此。这一处，也是我觉得妙不可言之处。请大家一起读读这句话。

（学生读）

师：是呀！巴金先生一定非常欣赏这个顽强的太阳。那么，在经历等待后终于看到日出的心情又是怎样的呢？

生：激动。

生：兴奋。

师：通过朗读、赏析和交流，我们感受到了太阳那种不怕困难、顽强拼搏的精神，请把你的感受融入朗读之中，让文字跳动起来，读出巴金先生看到太阳终于上升到海面的那种欣喜和激动。

（学生自由读。指名配乐读）

师出示：

四幅晴天时日出过程图片。

师：能给这些画面配上画外音吗？挑战一下自己，试一试。

（学生认真练习。展示）

板块五：学以致用，个性表达

师：课堂马上就要结束了，但学无止境。知道我们浙江最早看到日出的地方是哪里吗？

（学生沉默，摇头）

师：据说啊，新世纪中国第一缕曙光照射到的地方是浙江省温岭市石塘镇。（教师播放石塘镇日出视频）请同学们仿照课文第2、3自然段，按照太阳变化的顺序写一写温岭市石塘镇日出的景象。下节课我们来评析。

（学生观看视频，做记录）

师：同学们，这节课我们一起领略了晴天时的海上日出"奇观"，学习了按景物变化顺序来写文章的方法，下节课我们将继续领略文中有云堆时和有黑云时的海上日出"奇观"。

下课。

【教学评析】

《海上日出》是统编本语文教材四年级下册第五单元的精读课文，属于写景类散文，文章结构美、语言美、意境美，堪称经典。教学时，老师基于学生立场，充分挖掘文体资源，巧妙落实语文要素，有效地促进了学生语文素养的提升。

① 聚焦目标，设计梯度任务

教学中，老师设计了基础性目标和挑战性目标，通过图片素材建构视觉图式，品味、解析课题意境，紧扣文章中心句"这不是很伟大的奇观吗"，采用多种变式引导学生品读课题，初步感知课文意境。学习活动的设计基于"扫除识读障碍，整体把握课文内容"的任务驱动，采取"小老师"领读、预习单反馈、随文识写等灵活的方式授学生学新词。接着，老师以"巴金先生写了哪几种天气情况下的海上日出景象"为主问题，引导学生潜心读书，系统思考，培养了学生整体把握教材的高度概括能力。整堂课，老师体现了任务即做事的设计思想，学生在适切的目标引领下，以任务驱动语文实践学习，在知识的自主建构中习得语文素养。

②导学明法，发展语言智能

课堂上，老师注重学法的指导，促进了学生语言智能的发展。学生的语言智能体现为语文的创造力，在模仿迁移的基础上，提倡一种个性化的表达，最终指向学生言语思维的提升。本节课，老师首先注重写作方法的指导。落实"了解课文按一定顺序写事物的方法"的语文要素，并自然融入到课文的读悟中，通过思维导图、图片排序等学习支架，引导学生自主理顺课文的写作顺序，明确文章写作之妙。其次注重读书方法的指导。在多种形式的读书实践中，引导学生边读边想象画面，边读边作批注，触发了学生的高阶思维。在交流"巴金先生写了哪几种天气情况下的海上日出景象"时，老师让学生主动表达，充分言说，鼓励学生说出自己的见解。在开放的对话时空中，老师追求一种意义脉络，启发学生运用不同的句式将课文结构表达得简明清晰，既发展了学生的语言思维，又培养了概括等语文实践能力。

③启智延展，珍视个性体验

本节课，老师注重启迪学生智慧，珍视学生的思维差异。老师围绕"奇观"这一主线展开了不同层次的教学活动。老师在学生完成基础学习目标后，引导学生带着个人体验及文章背景反复品味课文第2、3自然段，述说、感悟文字的精妙之处。通过欣赏、涵泳、玩味、展示，悟出文字背后的深意。比如，通过从第2、3自然段中"转眼间"和"慢慢地"的对比读，"太阳好像负着重荷"的延伸读，"夺目的亮光""灿烂的阳光"的变化读等不同侧面，体悟到这"伟大的奇观"更是精神力量的奇观。

（二）巧用多元智能理论，实现学科间整合

多元智能理论指出：传统教学过分强调语言、逻辑—数学智能，而忽

视了对音乐、空间等多种智能的培养，使学生其他方面的智能发展在一定程度上受限，其优势难以充分展现，从而使一部分学生较少获得学习上的成功体验。如果我们潜心钻研，就不难发现语文教材中有不少课文，可以与其他学科整合，为我们构建开放的语文课堂，为使学生的才能得以充分地发展提供了条件。

1. 语文与音乐整合，发展音乐智能

从我们人类有语言的那一刻起就有了歌唱，学生的语言学习可以说和歌曲是紧密相连的，因此可以将语文与音乐相整合以达到激发学生兴趣的目的。加德纳认为音乐和语言一样，都有着久远的发展史，而且它们极有可能源于同一种表达媒介——声音的表达。我们教材中的好多课文都与歌曲有关，尤其是有些课文本身就是歌词。所以在学习这类课文时，让学生听一听，深情地唱一唱，将学生浓厚的兴趣迁移到语文学习中去，以此加深学生对课文内容的理解。

2. 语文与美术整合，发展空间智能

语文与美术结合能够服务于语言教学，也能将学生的空间智能有效地开发起来。教学《荷花》时，教师采用了贴花配文字的"图文式"板书，图文并茂，色彩鲜艳，突出了课文的重点。在学生对课文内容有了全面理解后，教师设计了画一画的环节：荷花给众多小动物带来了快乐，荷花又给"我"带来了怎样的快乐？请你展开想象的翅膀画下来。这样学生便可以结合自己的生活认知，调动生活积累积极创作，发展了他们的想象力和创造力。

3. 语文与道德法治整合，发展自我认知智能

语文教材本身就具有丰富的爱国主义教育内容，教师应该充分利用课程丰富的人文内涵对学生进行思想品德教育，学生能够主动学会道德抉择，在人与人的交往中学会与人相处，使学生能够充分地认识自我、完善自我、超越自我。这样，学生既受到了思想教育，又发展了自我认知智能。

4. 语文与信息科技整合，开发多种学科智能

语文课程不是封闭的，它与我们的生活息息相关。而在当今社会，网络已经成为人们获取知识的一个重要渠道。可以说，几乎每堂课我们都在使用计算机。在学习《海底世界》时，教师把学生领进计算机教室，学生可以查找相关文献资料，并进行信息加工和处理。学生通过查找资料看到了动物在海底世界的活动，以及海底世界丰富的动物、植物、矿产资源……此时，什么都不用说，学生通过收集来的资料，便轻松地理解了课文内容，这是教师在教室里单纯的说教所无法比拟的。

语文与其他学科的整合有效发展了学生的其他智能，提高了学生的学习体验。但值得注意的是：整合不等于混合，在整合之前，教师首先要清楚课程教学的目的、需求，找出在哪些地方和哪门学科整合能提高这堂课的学习质量，然后才能决定整合教学。当然，并不是所有的语文课都适合整合。

（三）改善教学环境，适应学习者需求

教学环境在这里专指课堂教学环境，分为软环境和硬环境。硬环境指教室里的布置与摆设。对于大多数人来说，"教室"这个词会让人不由自主想到这样一幅画面：学生坐在整齐的一排排课桌前，面向教室前面，一位教师站在黑板前对学生讲授着什么。这的确是一种教学的方式，但不是唯一的方式或最好的方式。多元智能理论建议教室环境能够重新构造，以适应不同学习者的需求。

学生的学习时间是如何安排的，是根据时段特点安排学生时间（早晨最适合一些学术性工作，下午适合一些开放性活动），还是随机安排他们完成某种任务。

教室或学校是能够吸引人目光的（如墙上的艺术品），还是令人烦躁不堪的；教师使用什么样的光源（荧光灯、白炽灯、自然光）；学生是处于一种具有丰富视觉体验的环境之下（如挂图、电视、投影），还是教室

环境就像一片视觉的沙漠。

学生是大部分时间坐在课桌旁，很少有机会活动，还是经常有机会起来走动（如在做练习的间歇起来活动和动手操作活动）。

学生有机会在学校建筑之外进行一些学习活动（如野外旅行、园艺），还是在校的绝大部分时间与自然世界处于隔离状态。

以上内容是对学生所处学习环境质量的注解，如果答案一致向负面的方向倾斜，那么即使学生是非常自愿地、积极地来到教室，他们的学习也会明显受到阻碍。反之，如果答案是向正的方面倾斜，那么即使进入到教室的学生在学术、情绪或认识等方面有明显的困难，他们也会有机会在学习中得到大步向前的激励。

多元智能理论让我们认识到目前教室环境对学生的束缚，我们可以充分利用好教室四周墙壁、前后角落，摆放图书、展示作品等装饰教学环境，少些教条，多些温馨，布置一些多元智能学习中心，为学生营造一种触手可及的学习空间。著者曾随团到美国纽约、华盛顿、洛杉矶等地进行了为期15天的考察。美国教室的文化空间和文化格局使我深受触动的同时，也给了我许多的启发。

美国的教室区域功能强大。我所参观的几所美国学校，教室空间与国内相比要大很多，很多教室的窗户设计在墙壁稍微靠上的地方，目的是预留出更多的空间展示学生的作品或供总结知识点用。由于美国班级人数一般不超过30人，使得原本就宽敞的教室拥有了更多的活动空间。普通的教室一般划分为办公区、地毯区、座位区、马蹄形桌区、图书角，在条件好些的学校，还会设有电脑区。在洛杉矶的塞瑞斯小学我们看到，一年级的语言课上，孩子们正舒服地坐在地毯区，跟着老师看插图学单词，三年级的数学课上，几个孩子正自在地在电脑区使用电脑学习。我们时常也会看到一名教师在上课，而另一名教师正旁若无人地坐在办公桌前办公。美国教室功能区域的科学划分，无形中为教师创新教学方式提供了多种可能性，同时，为学生多样化的学习预留了空间。

美国的教室体现教师风格。在美国，教室既是教师的办公场所，也是教师的授课地点。教师可以按照自己的风格和想法设计并布置教室，甚至包括墙壁使用什么颜色。因此，每个教室都不同，每个教室都体现了教师对教育的理解、对生活的感悟以及个人的喜好。有的教师把户外帐篷搬到了教室里，运用一些蓝绿色调，与窗外的风景相映成趣，室内室外有机融合，为学生营造了一个大自然的氛围。有的教师喜欢音乐，满教室都是音乐的元素，墙上贴满音符和黑胶的照片，连风铃上都是五线谱。在美国，好一点的学校会给教师一些购买教学用具的经费，加上家长联合会提供的资金，一年大约有550美元，超出部分则由教师自己垫付。加州卡博小学的很多教师会根据课程需要自费为学生添置一些学习用品，买大小不等的收纳盒将图书进行归类。为了增强平衡感，教室内的装饰物多为单数，如三个、五个。从这些细节都可以看出来，美国教师对于教室的布置是别具匠心的。

美国的教室彰显学生个性。美国的教室墙面大多附着一层可以钉图钉的软墙，用以展示每名学生的作品，所以学生的作品要么在天花板上吊着，要么在桌子上摆着，要么在墙和门窗上贴着。展示的内容一般有每名学生的照片和简介、日常作业（写作、手工等）、社团活动照片、研究性学习成果等。在塞瑞斯小学，每个教室门上张贴着学生梦想的一所大学的简介，旁边或周围是全体学生身着学士服的照片。有个教室整面墙设计的主题为"让我们共同走向成功之路"，每名学生都驾驶着汽车行驶在公路上，目的地则是自己心目中理想的大学。有的终点是加州大学洛杉矶分校，有的终点是加州州立大学。当然，目标不一样到达的路径也不同。在美国前任总统特朗普的母校纽约军校，有的孩子甚至把自己所崇拜的偶像海报贴在了座位旁。在蓝带学校华盛顿格兰特高中，教室内随处可见学生的作品，如中文班的古诗配画、摄影社团的照片等。另外，像一些美国教室的教学"神器"：计时器、画板架、词卡袋、储物袋、可干擦文件袋、储物盒、信箱等，配置都非常实用。比如，重要的学校文件和完成的作业练习都可以放进信箱里，放学前学生拿出来放到书包里就可以了。储物盒用以把剪刀、尺子、胶棒、马克笔、荧光笔等分类放好，便于学生取用。所有这些都让我们真切感受到，教室为学生真真实实存在着，每名学生在教室里都被尊重，每名学生都会油然而生成就感。

美国的教室充满艺术色彩。美国的教室学习资源丰富，色彩对比明显，物品摆放有序，非但没有凌乱的感觉，反而带给了我们许多温暖。其实，美国教室的布置是很考究的，讲究色彩、灯光、图案、纹理、平衡和秩序。例如他们会用横线条装饰让墙壁显得更长，用竖线条让墙壁显得很高，并且追求整体风格和颜色的统一。加州麦金利小学的教室有的用色大胆，有的布置温馨，各有特点。很多教师把教室当成自己的家来布置，床、沙发、坐垫、台灯、植物、小装饰品、家人的照片，应有尽有。其中有间教室的一面背景墙是这样的：蓝绿色的深海里游弋着各色的鱼，左边是一张仿佛是被绿色海藻缠绕的床，床下面有一个小沙发，沙发旁边有书柜，柜中书籍可供随时阅读。中间的柜子上摆放着各式贝壳海螺，右边有个霍比特人小屋子……为学生营造了一个美妙的童话世界。

教室布置得跟家一样温馨，学生们怎么可能不喜欢到学校来？美国教室文化体现的是对每名学生的尊重，一切的布置和配套都服务于学生的学习。让学生位于教室正中央，让教室成为学习和教育真正发生的地方，是对教育真谛的最好诠释。

相对于硬环境而言，软环境更为重要。软环境在这里指师生面貌、课堂气氛等，这有赖于师生共同营造。同时它也是师生思想品质乃至班风、学风的综合体现，因此它是动态的，可以不断开发和利用，这样才能不断发展学生的思想和心理素质。但它一定又是和教学紧密联系的，既服务于教学，又因教学而发展。

智能的多元性从全新的视角为我们解释了学生认知方式的多样性。虽然每名学生的智能组合是不一样的，任何一种智能都能使人成功，但是，光靠一种智能是不够的。在学习中，尽管每种智能是独立的，但如果几种智能可以同时发挥作用，学习的成效会更令人满意。数字教学就有这方面的优势。它传播信息量大、速度快，能把语言文字所描绘的情境直观形象逼真地展现出来，能把学生的非注意力因素集中起来，促使学生调动各种感官领略语言文字所描绘的情景，并拓展学生的思维空间，从而激发学生的学习兴趣，提高学生综合运用知识的能力。

三、学科实践在课堂中

（一）激趣引路，明确方向

教师在多元智能课堂激趣活动的设计上，要密切联系本节课的主导智能，尽可能地调动学生的潜质思维，抛砖引玉。主要的方法有以下几种。

作品引趣法。基于学科特点，用优秀作品引导学生开展学习活动，通过观察、比较、示范，充分调动学生实践的积极性。

媒体移境法。基于教学内容，通过播放视频、图片等形式，激活学生思维，唤醒学习灵感，通过情境的再现或创设，为学生后期的实践学习做好铺垫。

目标导向法。开门见山，直接出示本节课实践学习的目标，让学生明确本节课的学习方向。但切记课时目标太多，两三个即可，而且要简洁、明确、可测。

（二）活动主宰，导学明法

有效学习活动设计。教师依据多元智能课堂理念，从学习目标、学习内容、学习方式等各个维度设计实践学习活动，引导学生运用多种感官参与综合性的学习活动，让每名学生在实践学习中清晰地找到自己的学习位置。

规范技术操作训练。教师通过整体示范、分步指导、总结明法、自主实践、交流反馈等环节，让学生在思辨、操作中明确方法和步骤，特别是一些实践学习的方法，教师要引导学生自主规范训练。

多元智能优势组合。每个人与生俱来至少拥有八项智能，且都拥有一项优势智能。因此，在活动中，有的学生空间智能较强，擅长构图审图，有的学生身体—动觉智能较强，擅长剪刻切割……这就需要不同智能优势的学生协同学习，实现多赢。

（三）启智延展，创意表达

多元智能课堂中的启智主要考查学生运用智能解决实际问题的能力，学以致用，还原学生的生活世界，检验学生的迁移力。

符合学生的智能特征。东京大学佐藤学教授说："学习是同新世界的相遇和对话，是师生基于对话的'冲刺和挑战'。"[1]在完成原有学习任务的基础上，根据本班学生的智能结构分布，对学习内容作必要的延伸，有助于学生智能的优化。

利于学习目标的深化。在完成学习任务的基础上，对学习目标进行适当拔高，可以使实践学习能力较强的学生"跳一跳，就能摘到桃子"。

培养学生的创意表达能力。实践学习更加注重过程与方法目标的体现。表达的形式是多样的，语言的、文字的、实物的……学生通过多种实践"学进去"，还要创意地"讲出来"，这种"讲"就是创意的表达。

例如：创编呼啦圈游戏

学习目标：

1. 探索呼啦圈的各种玩法，体验玩圈的乐趣。

---

[1] 佐藤学. 培育作为专家的教师：教师教育的宏观设计［M］. 东京：岩波书店，2015：104.

2.学会一物多玩，发展想象力和创造力。

3.培养合作意识。

学习组织与实施：

4～6人为一组，每个组员对课题发表看法，讨论并确定游戏创编要求与形式，共同完成创编；各组在全班汇报、交流、讨论。

通过合作学习，学生获得了以下创编游戏的方法。

1.作图法。

2.文字说明法。

3.实物演示法。

游戏内容：

学生展示时有的是摆成一排跳着玩，有的是先跳圈再钻着玩，有的是组成图形玩，有的是比赛向前滚着玩、跑着玩，还有几个女生说着儿歌做动作玩……

有些玩法出乎教师的预料！

由上可知，每个学习者都有自己的经验世界，不同学习者的原有经验以及对问题的理解也不相同，创设有利于沟通、交流、合作的学习情境，有助于学生之间学会表达自己的见解，学会倾听并理解他人的看法，进而学会接纳、互助、分享等，这些品质都是现代人所不可缺少的。也就是说智能的优势组合与互补在更大程度上提升了学生学习的效益，也使不同智能优势的学生在不同程度上得到最大提升，这些无疑将对学生人生的发展起着良好的促进作用。

（四）置于情境，多元评价

多元智能课堂主要是对学生的学进行真实的评价。多元智能课堂的评价除了注重学生个人对本节课表现或习得的自我反思，还注重小组内的量化，如对本节课运用智能工具学习的情况。所有材料收录在多元智能成长记录袋中。

"智能"在字典中的解释为"智力、智慧或理解力"。教育的重点是培养"理解"的表现，对于"理解"的表现主要在情境中进行。基于此，实践学习评价主要是技术、创意、态度等方面的表现性评价。多元智能课堂中学生实践学习能力的培养，需要教师打通激趣引路、导学明法、启智延展、多元评价各个环节，相融并进，相辅相成，要创造操作情境，总结操作要领，进行科学评价，同时，还要鼓励学生创意操作，从而让学生的优势智能得到充分展示。多元智能理论强调团体合作、同伴协助。人的出生环境影响着人的智能发展，生长环境亦然。也就是说每个人的智能都各具特点，世界上没有完全相同的人，也没有完全相同智能的人，每个人的智能都是不同特质的组合，各具特性。只有树立"人人有才，人无全才，扬长补短，人人成才"的教育理念，才能让每个孩子的智能优势得以发展，个人潜能的发展达到最佳。

因而，我们必须打破原有的单一分组模式，把不同智能优势的学生组合在一起，组成学习共同体，学生在学习共同体里可以根据不同智能优势担任不同角色。人际认知智能强的学生负责小组同学的组织，语言智能强的学生负责写作，空间智能强的学生负责画图，身体—动觉智能强的学生负责创作道具或当主角等。这样，各具智能优势的学生能相互合作，相互促进，每名学生的特长得到淋漓尽致地发挥，从而促进具有不同智能优势的学生的互补和他们自身的全面发展。

传统的学生学习以接受式学习为主，强调教师教学前的准备，这种学习被学习者称为"高压锅式"的学习，远离现实生活，学习不是真实生活的愉悦体验，而是充斥着单调、枯燥、乏味的无聊刺激，没有学生对现实生活的体验，对精神的感悟，学生日渐失去学习的动力与兴趣。正如古罗马教育家普鲁塔克所指出的那样，儿童的心灵不是一个需要填满的罐子，而是一颗需要点燃的火种。要点燃儿童心灵的火种，就需要创设与儿童学习相适宜的环境，包含物质环境与精神环境两方面。摒弃传统学习模式，变接受式为主动式，开发每名学生的智力潜能，提升课堂教学效益，发展学生的多元智能。

《义务教育课程方案（2022年版）》提出"加强课程综合，统筹各门课程跨学科主题学习与综合实践活动安排"，虽然跨学科主题学习与综合实践活动有着必然的联系，但由于定位、功能和性质的不同，两者之间也存在着一定的区别。因此，厘清综合实践活动课程与跨学科主题学习的关系，探索两者的统整设计与实施，有利于破解实施难点，提升课程实施质量。

【案例1】跨学科主题学习：黄金比的应用

内容来源：人教版数学六年级上册第四单元"比"第49页。

活动设计：

（以"黄金比的应用"为主题，设计三个板块7个课时的活动。）

任务一：认识黄金比（2课时）

活动1：明确驱动性问题，学习比和化简比的知识，了解比的意义和基本性质，提炼学科核心概念。

活动2：经历认识黄金比的过程，能够发现并提出感兴趣的研究问题。

任务二：探究黄金比的应用（课内1课时，课外2课时）

活动3：选定关于"黄金比的应用"的研究内容，组建研究团队。

活动4：运用观察、计算、测量、制作等方式开展探究活动，应用数学知识解决实际问题。

任务三：成果分享会（2课时）

活动5：交流分享有关黄金比的研究成果。

活动6：使用活动评价单评价参与活动情况，开展互评活动。

【案例2】综合实践活动：黄金比的应用

生活中"黄金比"无处不在。学生从日常生活中发现"黄金比"既是一种神奇的存在，也是一种完美的存在。他们以前只是在数学课或者美术课上了解了一些关于黄金分割的知识，没有经过系统的知识学习，也没有在生活中进行深入的研究。为了探求黄金比的知识在生活的应用，经过全班协商，确定将"黄金比的应用"作为跨学科研究性学习的主题。本活动主要分为以下几个阶段：

1. 准备阶段：2课时

（1）自由选题，明确方向

学生围绕"黄金比的应用"，从生活经验中寻找黄金比应用的范例以及研究的领域，确定研究的课题。（建筑物中的黄金比应用研究、艺术中的黄金比应用研究、生活用品的黄金比应用研究、服饰中的黄金比应用研究等。）

（2）制订方案，合理分工

每个小组从研究主题、研究目的、研究方法、研究过程、人员分工、预设困难及解决办法等方面制订研究计划。

2. 实施阶段：2课时

（1）明确标准，自主探究

① 共建评价标准，明确目标要求。

② 每个小组根据研究主题选择适合的研究方法展开研究性学习活动。

（2）中期交流，解决困难

① 每个小组汇报活动的方案、探究过程经历以及已经取得的成果，重点交流研究过程中出现的困难，寻求解决的办法。

② 进一步优化调整研究进程，以便圆满完成各项研究任务。

3. 总结阶段：2课时

（1）成果分享，多元评价

开展主题活动过程评价、成果展示评价。评选"黄金组合""白银组合""青铜组合"。

（2）推广宣传研究成果

利用校园电子展板、实物展台、微信公众号推广研究成果。

对以上案例进行比较分析。

1. 主题来源

《义务教育数学课程标准（2022年版）》将跨学科主题学习主要安排在"综合与实践"领域（13个主题活动，2个项目学习）。但另外的"数与代数""图形与几何""统计与概率"三个领域的知识学习也可以设计成跨学科主题学习，特别提倡不要拘泥于2022版课标所列举的内容，体现应用数学知识解决实际问题的功能定位。案例1从属于人教版数学六年级上册第四单元"比"的内容，兼顾学科性和跨学科性，既依据课程标准，坚守学科立场，承载本学科的核心内容，又坚持从学科知识中寻找、在学科联系上挖掘等选题原则。

《中小学综合实践活动课程指导纲要》推荐了152个主题，彰显综合实践活动"回归生活，立足实践，着眼创新，体现开放"的本质特征，主要是为学校提供参考和拐杖，同时为了落实专题教育的要求。综合实践活动更加倡导立足学生综合素质的培养与发展，从学生的真实生活和发展需要出发，从生活情境中发现问题，转化为活动主题。为此，综合实践活动教师也可以与学科教师协同，运用综合实践活动课程开发的理念与方法，结合各门学科课程标准推荐的主题和教材内容，将真实生活情境问题、学科相关知识、校内外资源等进行整合，开发符合学生发展需求的跨学科学习主题。

跨学科主题学习的落点在学习，跨学科是路径，主题是载体，是实现"跨学科"的中介。跨学科主题学习和综合实践活动的主题均来源于真实生活和学生需求，要求学生感兴趣且可接受，具有可操作性。

2. 目标设计

跨学科主题学习的目标包括反映真实情境、指导活动开展、承载学科知识和预测学习表现等要点，目标的表述需要具备知识、工具、活动、作品等基本要素。一方面要指向学科素养的发展，主要体现为应用知识解决问题，加深学生对知识本质、价值的理解，同时体现为思维能力的提升、思想的感悟等；另一方面要指向跨学科等共通素养的发展，明确其他学科或课程领域的素养培育目标，以及信息加工处理、学习策略、问题解决方法等目标。制订跨学科主题学习教学目标时，教师一般要考虑四个基本要素：行为主体（学生）、行为动词（分析、操作等）、行为条件（具体的任务）和行为标准（结果、程度）。案例1的学习目标为：第一，学生通过理解比的意义，掌握比的基本性质，会求比值、化简比等知识，理解数学知识之间的联系。第二，学生通过自主探究黄金比在相关领域的应用，了解黄金比的相关知识，运用调查、制作、体验、测量等手段研究黄金比在生活的应用，提升应用意识。第三，学生能够选择实物展示、模型制作、研究报告等恰当的方式展示黄金比的应用成果，发展创新意识。

综合实践活动课程则坚持培养学生综合素质为导向，主要从价值体认、责任担当、问题解决、创意物化四个维度设计目标，实行三级目标体系（表4.1），以学生核心素养发展为主线，参照1~2年级、3~4年级、5~6年级三个学段学生的身心发展特征，建立纵向贯通，横向整合，循序渐进，螺旋上升的分层次、多级别的进阶式目标，如三级目标"积极态度"维度包含"学会倾听""好奇心和探索欲""实践任务"三个方面，以"学会倾听"为例，第一学段目标为"乐于进入真实情境进行学习，学会倾听，乐于分享见闻"；第二学段目标为"乐于进入真实情境进行学习，能倾听他人，主动表达自我感受"；第三学段目标为"主动寻求真实情境的学习机会，有效倾听他人并能自我表达"。

表4.1　综合实践活动课程三级目标

一级目标	社会责任感、创新精神、实践能力、跨学科思维（综合素养）			
二级目标	价值体认	责任担当	问题解决	创意物化
三级目标	积极态度 集体意识 家国情怀	自我管理 社会参与 尊重自然	提出问题 分析问题 解决问题	基本技能 创意设计 作品制作

案例2的学习目标为：第一，价值体认：主动了解黄金比的应用领域，自觉与伙伴相互帮助，积极参与体验活动，感受黄金比与自然和谐之美。第二，责任担当：明确关于黄金比应用的研究任务与分工，遇到困难时主动寻求对策，具有较强的合作学习能力。第三，问题解决：制定研究方案，运用调查、制作、实验等方式解探究黄金比在生活中的应用，积极创新设计、动手制作、改进产品，并提出自己的见解。第四，创意物化：运用电子展板、演示文稿、实物模型等方式展示黄金比的应用和创新成果，提高创意表达的意识和能力。

3. 内容框架

跨学科主题学习和综合实践活动都需要课程思维设计主题内容。跨学科主题学习根据主题形式的不同可以搭建不同的内容框架，如知识结构、问题解决、实践创造等维度。案例1基于知识结构搭建框架，以跨学科主题学习引领单元整体设计教学，安排7课时6个学习活动，其中课外2课时。"黄金比的应用"跨学科主题学习的本质问题是：第一，黄金比的神奇之处？有哪些奥秘？第二，我们能否应用黄金比改变我们的生活？将本质问题转化为概括的驱动性问题：生活中，你一定听说过黄金比，那就让我们共同发现黄金比的神奇之处，并应用黄金比去创造美好生活。让学生通过"做数学"引发对学科核心概念的思考，关联数学、艺术、科学等学科的概念，形成解决问题的思维和技能。

综合实践活动则"避免从学科知识体系出发进行活动设计"，侧重于跨学科研究性学习、社会实践，跨学科研究性学习领域包括社会调查、自然考察、科学探究、研学旅行、活动设计、项目制作，社会实践领域包括社会服务、职业体验、团队活动和场馆考察，两个领域可以交叉融合。同时，学校又要整合专题教育内容。案例2侧重于跨学科研究性学习，与社会实践领域融合。学生在"黄金比与自然"大概念下，从自然界、生活用品、艺术、建筑物、服饰等方面自主合作探究，如艺术小组从名家名画、摄影、名曲等方面揭秘黄金比，并进行相关的创作，感受黄金比与艺术之美。

4. 学习方式

综合实践活动课程与跨学科主题学习成为当下实现实践育人的两条行动路径。跨学科学习指运用两门以上学科的理念、知识和技能来解决问题，从而形成跨学科理解和核心素养的课程教学取向，其实质是将研究性学习的方式融入学科课程中。其提倡学生以任务为载体，运用思路建构、猜测验证、调查访问、操作体验、探究分析、实验论证等学习方式解决现实问题，融合新知识的学习和运用。综合实践活动课程是一门面向生活的课程，旨在引导学生在真实的生活情境中，通过观察、考察、实验、策划、制作、体验、服务等方式，发现、分析和解决现实生活问题。

综合实践活动提出考察探究、社会服务、设计制作和职业体验四类主要的学习方式（还有党团队教育活动、博物馆参观等）。但是跨学科主题学习的文献学习、观察记录、实验探究、人物访谈、问卷调查、参观考察、养殖、设计制作、志愿服务等9种学习方式与综合实践活动的学习方式相吻合，体现了综合学习的特征。案例1学生较多地采取文献学习、设计制作等单一学习方式，案例2跨学科研究性学习的样态更为丰富，更为综合化和个性化，同一研究小组或同一研究内容的学生可以根据自己的智能优势选择不同的学习方式，呈现不同的课程经历和成果形式。

5. 学习评价

跨学科主题学习的评价立足学科，高于学科，比学科教学更强调内容在价值上的综合性、认识上的实践性和发展的进阶性。依据学科目标和主题活动目标，要兼顾学科知识和学科核心素养转化价值以及主题育人价值，主要内容包括大概念链接的知识、技能、实践场景、工具，驱动性问题的表现性任务等。提倡测验转向考察学生的跨学科思维能力，设计多样态评价挖掘活动过程价值，量化评价与质性评价相结合。案例1的评价分为三个层次：第一层次为比和化简比纸笔测试的增值性评价；第二层次为探究黄金比应用的过程性评价；第三层次为量化评价与质性评价相结合的终结性评价。

综上所述，推进综合实践活动与跨学科主题学习活动的融合与实施是可行的，需要强化统整思维与协同意识，将学校的时空、资源、人力等要素进行整合，将课程内容与学习方式进行重新组合，构建两者统筹实施的保障机制，充分发挥综合学习的育人价值。

四、跨学科主题学习新探索

跨学科主题学习要在主题选择及课程的目标、内容、实施、评价等领域相互融通，以主题为引擎，以任务为动力，整合学习的经验、内容、方法等资源，引导学生在跨学科主题学习的过程中提升综合素养。

（一）从跨学科视角，引发面向现象的学习

1. 强化跨学科意识

人们常说，创新发生在学科的边缘。2020年美国的化学家珍妮弗·道德纳和法国的生物学家埃玛纽埃勒·沙尔庞捷因为在基因编辑技术方面的突出贡献而获得诺贝尔化学奖，2022年瑞典生物学家斯万特·帕博因为研究已灭绝古人类基因组和对人类进化的发现而获得诺贝尔生理学或医学奖，这些都是对人才培养跨学科特质的有力回应。再如，风靡全球的多元智能理论的产生，缘于哈佛大学给予霍华德·加德纳的跨学科经历和对学科交叉研究的机会，缘于霍华德·加德纳涉猎的生物学、脑科学、心理学、艺术、教育学等30多门学科的研究成果。越来越多的例证使我们认识到，优秀的成果普遍与研究者跨学科的学习和经历高度相关。

身处教育4.0时代，不可能回避诸如人工智能赋能教育、跨学科主题学习、学生的个性化需求、学生核心素养等标志性变革。学界普遍认为，跨学科学习是达成核心素养发展目标的重要抓手。所以，教师要走出单一学科的思维，在学科融合中运用跨学科思维，提升课程统整的能力。特别

强调学生要"初步具有科学探究和跨学科实践能力，能够分析解决真实情境中的问题"，从面向现实和未来的不确定性、学生生活的完整性以及实现人的全面发展等角度，说明了课程站在国家"培养什么样的人"的背景下开展跨学科学习的必要性。

2. 注重知识迁移

在知识爆炸的时代，知识观决定着习得知识的方式以及对待知识的态度，知识概念的重组、对知识价值的反思也成了争议的焦点。英国数学家怀特海说：不能利用的知识是相当有害的。我国台湾地区学者黄武雄也指出，当今学校过分重视抽象出来的"套装知识"而忽视抽象的过程"经验知识"。跨学科主题学习强调学生能够主动运用所储备的学科知识理解并解决实际问题，同时，学科知识在学习活动中得以延展、综合、改良和提取。课程知识应基于经验学习，倡导教室即世界，积极引导学生自主建构知识，指导学生在学知识、用知识的过程中，不断丰富知识结构，改变思维方式，凸显知识的可利用价值。

3. 基于现象学习

芬兰等国家提出的"基于现象的学习"被喻为全新的教育标签，主要有以下几个特征。首先，"基于现象的学习"接近于项目化学习但又有所不同，它必须是跨学科的。其次，"基于现象的学习"具有在地化的特征。现象始于观察，成于探究，终于素养，学生的生活发现往往就是学习的目的或素材。如，居住在河流、湖泊附近的学生可以有较多的机会观察水的现象及其运动方式，很自然地将现象与课程联系起来。再次，"基于现象的学习"不是在竞争环境下的学习，没有标准化的考试，侧重于表现性评价，让学生在团队的"做事""造物"中涵养成长型思维。"基于现象的学习"要求学生能够从现象中发现和提出问题，综合运用多种学科的知识、方法和实验操作技能，聚合工程设计等思维，设计、制作和改进创意物化成果。

（二）从学科智能的视角，建构主题的多向思维

1. 主题牵引学习

"主题教学是基于跨学科的多向思维发展的综合性活动，是一种积极的深度学习体验过程，也是师生、师师协作共同实现的创新性实践。"[①]学科主题可以与跨学科主题打通进行，整合实施，从而实现教学资源的最优化和教学效益的最大化。比如，在主题学习活动的设计上，教师可以根据跨学科主题学习"考察探究"的关键要素，通过"定义问题、选择方法、研制工具、获取证据、提出观念、展示成果、反思和改进"[②]的思路，让学生经历沉浸、分享、迁移、反思的学习过程，建构完整的知识结构，深化对学习材料的理解，学会用跨学科的思维去解决问题。

2. 驱动学科实践

探究学习是主题教学的主要方式，探究学习本质上是跨学科的。作为探究学习的迭代，新课程改革提出了"学科实践"的概念。学科实践的实质在于运用学科概念、思想和工具解决真实问题，强调学生在实践中建构知识、创生知识和验证知识。霍华德·加德纳曾将基于核心概念，通过学科实践解决课程学习中复杂问题的高阶能力，称为"学科智能"，并将其列为面向未来的"五种智能"之首。

跨学科主题学习作为跨学科课程的重要实施路径，表现出集中性、探究性、迁移性等特征。跨学科主题学习不是脱离知识结构，反而更加重视知识和技能的运用，以及学习经验的再造。教学要深化对主题的整体性理解，将零散的知识结构化、经验化，时常要跳出自然科学的范畴，涉及社会科学和人文研究领域的复杂现象或问题。结合日常实践及一些代表性观点，学科实践一般要经历"提出任务，制定方案，实施方案，形成初步产

---

① 纪德奎，乔虹. 主题教学的本质、实施现状及改进路径［J］. 教育理论与实践，2021，41（1）：55.

② 中华人民共和国教育部. 中小学综合实践活动课程指导纲要［M］. 北京：北京师范大学出版社，2017：9.

品，改进设计，物化成果，表达、交流、展示"等学习过程。比如，在"动物与环境"主题的"家乡生物资源调查与多样性保护"学科实践中，可以让学生自主收集资料，调查家乡的动植物生长状况，实地考察家乡生物资源的保护和利用情况。学生针对探究中的发现和思考，提出保护和开发本地生物多样性资源的建议，增强生态环境意识，厚植乡土情怀。

3. 培植关键能力

跨学科主题学习强调综合运用知识技能、思想方法以及团队协作等能力，指向正确的价值观念、关键能力和必备品格的综合表现。比如，在"绿色开花植物的一生"跨学科主题学习中，学生运用收集和处理科学信息的能力完成收集不同植被环境中的湿度数据的任务；在观察和动手操作中，栽培一种常见植物，观察从种子到成熟植株的生长发育和开花结果的全过程；运用问卷、访谈、查阅资料等调查方法，了解生活中利用植物光合作用和呼吸作用原理的有关事例；运用设计思维，绘制社区或校园绿化设计示意图；运用一定的表达能力，展示设计方案。

跨学科主题学习要基于真实情境的挑战性任务，并将其分解成有结构的任务群，从而引发学生的一系列自主学习，鼓励学生调动生活经验和学习能力，激发学生"能做事"的潜能。在"水"主题活动中，学生以"生态系统在遭遇严重破坏后如何进行系统修复"为挑战性任务，利用一个学年的时间，合作完成了能够产生一定社会影响力的项目作品。指导教师组织学生成立研究小队，设计队徽并进行相关的"技能武装"。学生在掌握了观察、采访、数据统计分析等一系列技能后，围绕"如何建立完善的青山村可持续生态恢复模式"这一核心任务对阿里巴巴水源地开展系列调查。在活动中，学生了解到龙坞水库保护项目的现状，带着自己的思考采访附近居民及管理部门专家，实地丈量徒步路线，采集分析水源数据，了解生态系统的状况。最后，学生运用整体性思维，提出了自己的建议，设计出当地生态修复及可持续性发展的方案。

跨学科主题学习重点培养创造性思维、观察、组织与规划、沟通与表达、合作与社会交往、动手操作、自我反思与管理、收集与处理信息等关键能力，每种关键能力都有相应的内涵和教学策略。例如，"合作与社会交往能力至少包括积极互赖、个体责任、相互作用、合作社交技能、小组分工、个体作用、合作精神"[①]等要素。动手操作能力主要体现在通过手等身体部位与客观世界相互作用的实践过程中。动手操作能力主要包括动手协调、使用工具技术、设计制作以及发明创造等方面，但也包括一些内隐性的内容，如初步技术的感知，观察和分析事物，运用技术信息以及反思评价能力等。另外，通过观察、合作、采访等方法指导的专属课型，学生可以在课堂上接受专业的实践方法指导，反过来促进跨学科学习。

（三）从素养本位视角，保障跨学科学习质量

1. 实现学习进阶

如前文所述，学习是一个发展性进阶，要正确认识儿童价值的阶段论和儿童认识的连续论。儿童价值的阶段论认为，儿童的认知、人格、社会性等方面的发展是阶段性的，且每个阶段都有其独特性；儿童认识的连续论认为，儿童的个体素养发展是螺旋式的创生过程[②]。以"植物栽培与动物饲养"为例，学生在小学阶段已经有了在劳动、综合实践活动、科学等课程的学习经历。在初中生物学教学中，坚持素养导向，可以在"结构与功能""物质与能量"等跨学科概念引领下创生课程。如，小学科学三年级下册"动物的一生"的教学中，引导学生通过比较小动物不同的繁殖方式，亲自饲养家蚕，记录观察手册，陪伴家蚕从生到死的生命全程，从而领悟到生命的延续，在潜移默化中完成了"生命的延续和进化"等科学概念的建构。跨学科实践则可以在已有的学习经验上迭代，让学生通过考察探究收集我国家蚕养殖的历史资料，根据家蚕的生活史、生活习性、食

---

① 万伟. 综合实践活动课程关键能力的培养与表现性评价［J］. 课程·教材·教法，2014，34（2）：22.

② 张华. 儿童发展、学习进阶与课程创生：《义务教育课程方案和课程标准（2022年版）》内在追求［J］. 中国教育学刊，2022（5）：15-18.

性、生活环境（温度、湿度等），利用生活中简单易得的材料设计并制作适合的养蚕装置，深刻理解蚕的头、胸、腹各部分的结构与功能，研究咀嚼式口器、气门、单眼等作用，参与缲丝、织造、染整等丝绸制作的职业体验活动，撰写观察报告和游学日记。

2. 丰富成果表达

跨学科学习的成果具有外显性和内隐性。外显性的成果包括报告类、制作类、展演类、作品类、活动策划类、过程性记录等。内隐性的成果包括在学习过程中形成的能力、思维、品质等，比如合作的能力、表达的能力，以及学习的韧性、成长型思维等。在"健康地生活"主题教学中，学生可以举办青春期知识宣传展板，调查当地的传染病史，收集艾滋病、癌症、心血管疾病等的资料，同时进行一些急救知识的训练。青春期教育布展、疾病宣传海报、急救职业体验等学习成果倾向于体验式、探究式的，指向的是一种真实情境下的"做中学""用中学""创中学"。在体验、探究过程中的活动记录单、活动现场照片、实践单位证明、作品、研究报告都是成果的内容和载体。同时，学习成果也可以反映出学生学习的成效和过程中的问题，教师通过研判和诊断，调节学习的节奏，从而改进学生的学习。一方面，可以在学生自主探究过程中，检验全体学生是否真正参与学习活动。另一方面，可以通过成果的展示诊断学习质量，让学生的课程素养可视化。

3. 确保教学评的一致性

跨学科学习要培养的是具有跨学科素养的21世纪人才，体现个人、社会、自然的整合，立足于学生健全、完整的发展。因此，评价必须以跨学科素养为导向[①]。跨学科素养指面对多元的问题，学生综合运用多个学科的知识解决真实问题时表现出来的一组能力。从书面课程到教学课程，再到评价课程，课程目标生动地体现着核心素养的综合性、发展性和实践性。所以，保障"教学评一致性"是课程育人目标有效达成的关键。

---

① 田蕾，胡炳仙. 如何评价学生在跨学科学习中发生的变化 [J]. 上海教育，2020（32）：44.

　　根据华东师范大学崔允漷教授提出的"教学评三位一体"的理念，"教学评一致性"指的是整个教学系统中，教师的教、学生的学以及对学习结果的评价之间的协调配合程度①。从某种意义上讲，教学评的一致性也是目标、手段和评价的一致性，教学目标引领教学手段与教学评价，教学手段支撑教学目标，教学评价指向教学目标，这也是跨学科主题课程开发的最高指导原则。在跨学科主题学习中，"吸引"环节重在引发学生的认知冲突，激发探究兴趣，明确学习目标；"探索"环节重在研读资料，分析数据，创建模型；"解释"环节重在展示探究过程和结果，用实践活动串联起现实问题与知识学习；"拓展"环节重在强调核心概念的建构、应用和迁移；"评价"环节重在检验教学活动与课程目标的一致性，触发学生的反思性学习。

　　综上所述，开展跨学科学习是顺应新一轮课程改革的应然举措。在课程核心素养的导向下，跨学科主题学习要主动融合大概念、大单元、项目化学习等教学思想，科学定义课程目标，优化课程实践样态，探索跨学科主题学习的多维路径，让学习真实发生，让学习更有意义，共同促进课程核心素养的高质量落地。

❖ 第二节　课堂中的经验学习

　　经验学习是指通过亲身体验或实际操作而进行的学习。在心理学家看来，学习就是学习者因经验而引起的行为、能力和心理倾向比较持久的变化。这些变化不是因成熟、疾病和药物引起的，而且也不一定表现出外显行为。②

---

① 涂晓锋. 教学评一致性的含义、实践困境与突围之策［J］. 教学月刊·小学版（语文），2022（4）：4.

② 施良方. 学习论［M］. 北京：人民教育出版社，2001：99.

一、以生活为导向的跨学科实践

实践课程是与学科课程相对应的经验课程，强调以学生的直接经验为中心，以活动为主要形式，在调查、考察、实验、探究、设计、制作等一系列活动中发现和解决问题，积累和丰富经验，体验和感受生活，发展实践能力和创新能力。下面以著者名师工作室在江苏省教研室"教学新时空·名师课堂"展示的"生活用品的改造"作典型分析，剖析实践学习中学生生活经验的唤醒策略，探索基于生活用品改造的经验学习路径，引导学生主动做生活的小主人，懂得通过一些生活用品的改造，我们的生活世界会更便捷、更开放、更美好。

（一）从生活中寻找选题，激发学生留意生活的兴趣，引导学生发现生活用品的问题

1. 激活生活经验

特里·博顿于1970年出版的《达到·接触和教学》一书中谈到，一名学生在学校里学到的东西，以及他最终会成为什么样的人，都深受他的自我感受和他对外部世界感受的影响。这些感受就是学生的经验和体验。

活动开始时，课堂上教师通过两个场景引导学生关注生活用品。一是徒手拿粉笔，学生列举粉笔的缺点，自然引出一名学生用一次性塑料针管设计多功能粉笔套的改造案例。二是通过学生回顾小时候蹲马桶不方便的经历，引出可拉伸的马桶高低调节器的改造并获得科技发明金奖的案例。从而激发学生观察生活用品的兴趣，唤醒学生的生活经验，并打破学生的常态惯性生活思维，学生能够明白，其实很多生活用品使用时都存在这样或那样的缺陷，只是我们平时缺少更深一步的思考，缺少对生活用品改造的意识。

2. 提取具体经验

为了真实了解生活用品存在的问题，让学生真正走进生活并感知生活，教师提前一周布置学生调查班级、学校、家庭、社会等领域生活用品存在的缺陷，引导学生主动走向真实的社会生活。学生在调查小组内交流生活用品调查表（表4.2），头脑中逐渐形成有关经验结构的图式，抓住具体的经验，进行抽象概括，感知获取信息，并采用条状描述，汇报所发现的生活用品的缺点。通过生活用品缺点的罗列，引导学生观察生活，热爱生活，培养积极的生活态度。此时，每名学生都是生活的发现者。

表4.2　生活用品调查表

生活用品		调查人		调查时间	
生活用品的缺点					

3. 甄别筛选经验

生活用品改造的根本目的是方便自己的生活，存在着个体性与差异性。每名学生的生活经验有差异，他所关注的生活用品就会有所侧重。正所谓"发明千千万，起点是一问"，而积极富有创新精神的思维，只有在充分自由的环境下才能产生。学生根据自身的特性、特定的生活经验以及当前的具体情境等做出选择。比如，有的学生关注到学校特色活动器材呼啦圈，有的学生关注到书包，有的学生关注到卫生用具……学生先理性分析其不足，通过简洁明确的表达，积极思考并提出比较有意义的计划解决的问题，初步清晰问题解决的方向。

（二）自主建构学习，探究生活用品改造的方法，提高学生逻辑思辨能力和规划设计能力

1. 析取共性经验

由于呼啦圈是学校的特色体育器材，课堂上，教师顺势选择学生比较

熟悉的呼啦圈作为范例，调动学生已有的生活经验，剖析呼啦圈存在的问题。比如，课堂上学生提出的易断开、占地大（每人一个）、易折弯、易弄脏、难辨认等问题，都是学生在日常使用过程中经常遇到的问题，都来自学生的活动经验。接下来，教师引领学生展开一场头脑风暴，让学生自主尝试寻求解决的办法，有的学生针对占地大的问题，提出把呼啦圈挂在墙上，并摆出美观的图案，作为学校或班级的文化标识；有的学生针对易折弯的问题，提出在接缝处缠上胶带的方法；有的学生针对易弄脏的问题，提出用适合的材质为呼啦圈做一个保护套的方法……通过一个典型事物的分析，学生基于不同的生活经验发现不一样的问题，并提出富有个性的解决办法。

2. 设计解决方案

没有兴趣，就没有智力的发展。兴趣是注意和理解的先决条件。哪怕是同一件生活用品，学生发现的缺陷也可能不一样。让学生根据前期调查中发现的问题，选择自己感兴趣的、想要改造的物品是关键。学生可以自主选择，也可以小组共同选择，完全尊重学生的意愿。明晰了所要改造的生活用品的缺点，就要发挥团队的智慧缜密思考改造的方案。小学生形象思维占主导，活动中，方案的设计没有让学生进行文字表述，而是让学生运用画示意图或设计图的形式，将抽象的文字具象化。此项学习活动，采取延迟评判原则，不轻易否定任何学生的设想。既尊重了学生的意愿，又注重学生规划设计能力的训练（表4.3）。

表4.3 "生活用品的改造"设计表

生活用品的名称		参与人员		日期	
生活用品缺点列举					
准备的材料					
改造示意图					

3. 共商实践策略

美国组织行为学教授大卫·科尔伯认为，学习是通过转化经验来创造知识的过程，任何经验从原有的经验中获得有价值的东西，又会以某种方式改变今后经验的质量，强调实践活动对个体的影响。活动中，有的学生选择改造书包，有的选择改造粉笔（如，用口红的外壳），有的选择改造教室的门……这些都是学生身边的事物，这些改造都是为了让生活更方便，提升生活的品质。在学生汇报的过程中，同学之间进行了激烈的辩论，每个人都在迅速提取生活中的经历，将之转化为经验，通过反思性观察，进行信息加工。正所谓真理不辩不明，在你来我往的质疑与答辩过程中，通过同辈群体间的经验学习，思维的碰撞闪现智慧的火花，学生俨然成了一个个小小发明家。①

（三）动手操作实践，运用学生的多元智能，评价生活用品改造的成效

1. 综合思维促合作

生活中的实际问题要依靠综合思维来解决。霍华德·加德纳将把"综合思维"作为决胜未来的五种能力之一，即有能力接受来自不同渠道的大量信息并进行深入思考，然后以对自己或他人有用的方式组合起来。他认为，综合思维的核心是发现问题、解决问题，提出或创造出新颖的，甚至是前所未有的想法和做法。它是学生综合素质的关键内容，也是促进人终身发展的核心能力。从某种意义上讲，综合思维在一定程度上源于天赋潜能和先天秉性，教师要正视儿童思维的独特性，儿童思维结构的组合不同，儿童的思维特征也不同。在生活用品的改造活动中，学生运用已有的知识技能和经验，尝试运用各自的优势智能合作互助解决问题，在特定情境中开展实践活动，从而获得实际的活动体验。

---

① 严加平，夏惠贤. 基于经验学习的学习风格研究述评［J］. 教育科学，2006（1）：45-48.

2. 过程分享重交流

课堂上，要注重学习过程中的经验分享。学生要说清楚改造的是什么，怎样改造的，改造后发生了怎样的变化，开展活动中，有哪些收获和体会。比如，有的同学汇报其改造的多功能收纳袋，可以放在课桌上当作文具袋，可以夹在自行车上装水瓶，学生甚至考虑到如果要再装大一些的东西可以把封口的环做大，袋子也可以做成白色，在上面设计喜欢的图案，等等。在经验分享的过程中，学生的思维是自由的，有的学生现场询问制作的方法，制作者进行了详尽的解说，有的学生针对封口牢固不牢固的问题，给出了很好的建议。正如怀特海所说，唯一具有重要意义的训练是自我训练，这种训练只有通过充分享有自由才能获得。[①]

3. 顺藤抱瓜真评价

"能与小伙伴互助合作，在看懂图纸的基础上，制作和改装，形成一些较为复杂的创意作品，并能考虑到作品的实用与美观"是《江苏省义务教育综合实践活动课程纲要》中对于"动手操作能力"的目标要求，也是本次活动评价的要点。本次活动的评价主要从以下三个方面展开。（1）技术性评价。技术教育是一种利用知识进行物质产品生产的技能。这种训练强调手工技能、手眼协调能力以及控制生产过程的判断力。比如，有的小组将遥控汽车和毛刷组合在一起改造成了玻璃刷，学生针对演示的情况提出了困惑，制作者当面解答。（2）批判性评价。针对拖地式拖鞋，有的同学提出了"如何吸水？如何牢固地粘住海绵？"的问题；关于迷你书架，有的学生提出如何固定书架、如何摆放图书、实用性如何等问题，这些都直接指向产品的质量。（3）真实性评价。用接近真实生活的方式来评价学生的动手、动脑过程（表4.4）。

[①] 怀特海. 教育的目的 [M]. 庄莲平，王立中，译. 上海：文汇出版社，2021：49.

表4.4　"生活用品的改造"表现评价表

内容	表现等级			
	0	★	★★	★★★
实用	作品没有改造生活用品的缺点	有目的的改造	有较实用的改造	改造有实用价值
美观	不能给人以美的感受	做工规整，较美观	做工精细，美观	做工精致，吸引人
创意	——	没有价值，只是模仿	在模仿的基础上有所改变	完全是自己的创作，很有创意

杜威认为，一开始，学习者带着自己的生活经验走进学校，在接受教育后获得新的学习经验，然后再带着经验走向下一阶段的学习活动中。不管学生对你的课程有什么样的兴趣，这种兴趣必须在此时此刻激发，不管你要加强学生的何种能力，这种能力必须在此时此刻得到练习，不管你想怎样影响学生未来的精神世界，必须现在就展示它。这是教育的金科玉律，也是综合实践活动课程应遵循的一条规律。

二、以学科为导向的研究性学习

学生语文综合学习能力的培养应该是日积月累、循序渐进的过程。依照教材思想和课程标准理念，立足有效课堂，着眼学生发展，引导学生积极开展小课题研究，在小课题研究中促使学生学好语文、用好语文，将语文学习一步步推向纵深，从而促进学生综合素质的提升。

（一）小课题研究：从诗歌赏读引向重大节日研究

在我国，每年有许多节日，传统的、新兴的、舶来的，关系到各行各业，联系着每个人的生活。教材中有许多与节日相关的诗歌。在学习中，诗歌意境的品读与感悟，进而熟读成诵只是最基本的习得。而现实是，学生往往不知道节日的相关知识，存在着"知其然而不知其所以然"的现状。语文的学科功能还没能得到较好的释放，语文的学习完全可以让学生学得更多。

在此基础上，引导学生将视域放宽，从关注诗歌本身进而关注与之相关的节日研究，关注相关节日知识的深入探究，确立小组研究的课题。在"话说教师节"的研究活动中，学生从教师节的由来、设立教师节的意义、教师节的赞语和故事、教师节的行动等各个方面展开研究与实践活动，不仅收集到大量的文字资料，很多同学还自制了教师节礼物送给喜欢的教师。在"植树节"的研究活动中，学生从植树节的创立与意义、植树的作用、全球气候变暖的原因等方面开展研究，且自觉加入到植树造林、保护环境的行动中来，低碳、节能一时成了班级的流行语言。

（二）小课题研究：从作文主题引向校本资源开发

《全日制义务教育语文课程标准》指出："要从核心素养的形成和发展的内在规律出发，紧密结合语文教材内容，选择有利于组织和实施综合性语文实践活动的优质资源。"可见，高质量的语文学习需要全方位的校本资源开发。实际教学中，有许多内容可以向本土化延伸，生成研究性专题。工业资源、农业资源、场馆资源、地方特色等都可以作为语文教学的资源，都可以使学生的语文学习从狭隘的小课堂走向社会的大课堂。

在教学习作《家乡的风俗》时，并没有像预设的那样顺利，没有想到，学生对家乡了解得这么少。学生虽长于此、学于此，却对这里的一草一木、一砖一瓦、一风一俗不甚了解。于是，教师引导学生确立了"家乡风俗的研究"课题。作文脑中无物，必然口中无话，笔中无文。

（三）小课题研究：从口语交际引向公民意识回归

如果说作文教学为学生的小课题研究提供了很好的平台，那么口语交际中的很多主题则需要调查后才能发言，正所谓"没有调查就没有发言权"。口语交际不仅仅是语言表达能力的培养，更要彰显核心素养目标的达成，也要实现工具性与人文性的和谐统一。教学口语交际《聊聊书法》时，教师传统的做法是告诉学生我国书法的内容，然后让学生自行选择一个方面去收集材料，学生的选择往往是比较熟悉的，存在重复现象，最后的结果通常是少数学生做得比较好，他们的材料成了抄袭的"标本"，学生汇报时说来说去还是那么几句话，总是局限于那几种书法的介绍。有时学生完成任务不理想，教师为了赶进度就包办代替，为学生准备好现成的材料，让学生照本宣科，为"口语"而"口语"。

在口语交际的教学中绝不能急于求成，越俎代庖，而是要抓住每个训练的契机，力争促进每名学生语文综合学习能力的提升。前期让学生去收集书法的名称，然后每名学生以抽签的方式确定要研究的问题，这样每名学生都有事可做，树立强烈的主体性意识，以小主人翁的身份参与到研究中来。再如，教学口语交际《我最喜欢的人物形象》时，也采用了同样的方法，引导学生研究不同的人物形象，寻求不同的视角，在这个过程中，学生使出浑身解数，借助网络、书籍、家长、信息科技、教师等媒介参与其中，汇报时一反以往课堂中的沉闷，学生因胸有成竹而跃跃欲试，在这背后我完全可以想象出他们经历了怎样的磨砺与成长，这些研究的经历是他们从书本上难以学到的。

（四）小课题研究：从课文阅读引向祖国文化鉴赏

小学语文教材中有许多描写祖国物质文化遗产或优美景色的文章。如以"我国的世界遗产"为专题，教师选编了精读课文《长城》《颐和园》、略读课文《秦兵马俑》。但仅靠几篇文章是不能涵盖全部学习价值的。

在教学中，教师有意识地渗透一些专题的研讨，通过小课题的形式调动学生的研究兴趣，在研究中促使学生了解祖国的秀美风光与悠久历史，激发学生热爱祖国的思想感情。如在学习《秦兵马俑》时，引导学生开展"汉兵马俑"的研究，因为徐州是两汉文化的发源地，距今有两千一百五十多年的历史，近几年来，徐州出土了大量的汉代文物，特别是汉兵马俑，它是秦兵马俑的发展与超越。凭借此得天独厚的条件，学生分别从汉兵马俑的发掘过程、汉兵马俑的种类及特点等方面深入研究汉兵马俑，汇报时学生配以文字、影音资料，起到了较好的效果。再如，学习《观潮》时，由于学校位于大运河边，教师可以指导学生开展"京杭大运河"等专题研究，学生从京杭大运河的悠久历史、人文情怀、经济价值等多个方面开展合作研究。在汇报的时候，有采风照片，有采访录音，甚至有的同学做了精美的课件，优雅的轻音乐、俊美的图画和动听的演说，那种意境美极了！还有，学习《北京的春节》时，教师可以引导学生开展"春联"的小课题研究，从描绘美好春光、展示祖国昌盛、歌颂幸福生活、表达美好祝愿等方面选择研究专题。学生收集了大量的春联，以配乐朗读、手抄报、书法等形式展示研究成果，更可贵的是很多学生抓住春联上下联字数相等、词类相当的特点，写出了许多春联。这才是真正的学语文，学的不仅是知识，更是一种综合性学习的能力。

小课题研究，让语文教学日益丰满，让学生的语文学习走向多元。调查表明，学生对小课题研究是欢迎的，100%的学生喜欢这样的学习方式。最主要的是，这种以小课题研究为载体的综合学习活动让语文的内涵更深、外延更广，小课题研究成了学生语文综合性学习的通途。

三、以服务为导向的社会性成长

（一）经验宜唤醒

生活处处皆学问。考察探究活动让学生走出校园，走向社会，回归生活。"走进鸿顺造纸厂"综合实践活动从学生的生活经验出发选题，关注学生的未知，激发学生的求知欲，使得机械化、刻板化的生命活动开始"返魅"，"返魅"后的求知活动充满生命的激情和心灵的感悟。作为生活在附近的居民，学生对周边的环境与企业状况并不陌生，甚至很多学生的家长就是这些企业的职工，茶余饭后，家长里短，不可避免地会涉及这些方面的内容。更何况，纸与学生的生活和学习密切相关，每时每刻都会用到。抓住学生最想研究的主题，充分唤醒学生已有的生活经验，则可以更好地调动学生的探究兴趣与求知欲望。

（二）实践出真知

活动中，通过组织学生参观、调查、探究、访问等多样化的实践活动，注重学生对实际活动过程的亲历与体验。这种学习完全是一种自主的、能动的、探究式的学习，过程中没有灌输，没有约束，更多地体现一种生成，学生自主发现和解决问题，体验和感受生活，发展实践能力和创新精神。本次活动，在尊重学生选题意愿的基础上，带领学生走出小课堂，走进造纸厂，亲历纸的诞生过程，感受造纸工艺的先进与污水处理的巧妙，在实践中生疑，在释疑中获知，每名学生都是主动的实践者、自由的探索者、幸福的学习者。

（三）个性再张扬

多元智能主张学校和而不同、美美与共，主张教师尊重差异、正心启智，主张学生张扬个性、多元发展。探究活动则提供了较好的平台。在开放性的活动中，学生有了丰富多彩的学习体验和个性化的创造表现。在活动中，学生可以选择最适合自己的方式展开学习活动，有的在观察，有的在提问，有的在记录，有的在交流……他们各自用自己最擅长的方式积极地学习，个性得以张扬，能力得以提升，智能得以发展。

（四）教育贵融合

活动中，学科本位的育人功能得到很好的彰显，除此之外，涉及活动领域的丰富性，使它可以更好地与学校的整体活动相联系。本次活动，通过撰写环保文章参加竞赛、设计环保标语公开展示等活动，较好地与保护环境教育融合，教育学生爱惜纸张，珍惜水资源。

四、以资源为导向的实践性外拓

（一）充分挖掘地方资源，开发校本课程

对于面广量大的农村小学而言，相较于城市的青少年实践活动基地等，虽然各项配套不算完善，甚至有些简陋，但都是原生态的、未经雕饰的自然存在，比城市学校有着得天独厚的自然条件。比如一些村办企业、农业种植、畜牧养殖等，都为学校成功开展实践学习提供了优质的资源。学校方圆两公里内既有国营企业，又有私营业主，还有大学、博物馆等。每学期，学校都会分年级有计划地确定活动主题，活动前与相关企业负责人或业主联系，进行认真的动员与细致的组织，充分利用课堂，让教师、家长、学生充分参与，多方互动，共同享受家乡优质教育资源所折射的学习幸福。

（二）置身真实活动情境，知行学做合一

陶行知先生认为"社会即学校，生活即教育"，强调教育与现实生活实际的联系。纸与我们的日常生活息息相关，两千多年前，我国在西汉就发明了纸。而我们往往对其发展与历史的了解少之又少。我们学校每年都要组织学生到造纸厂参加实践活动。学生亲临造纸现场，听着专家的讲解，感受纸的奇妙诞生过程，这远比课堂上的生硬聆听要形象得多，也比网上照搬的资料直观得多。其实，这就是一个活的课程，一节生命涌动的课堂。课堂上有讲解，有质疑，有思考，有对话，有实践，学生的多种感官积极感知，学习、人际等多种能力得到了培养，促进了学生多元智能的发展，知行学做有机地结合在一起。

（三）有效与学校教育对接，实现一举多得

活动本身不是目的，但通过活动可以提升学校教育的品质。在活动中，要无限放大它的教育因素，充分发挥活动全方位的教育价值。参观造纸厂，废水、废渣的处理是大家比较关心的问题。活动中重点组织学生了解废水、废渣的处理过程，从而培养学生的环保意识。这恰与学校的德育活动有机结合，通过引导学生设计环保标语，积极撰写环保文章，参加上级部门组织的评比等活动，学生受到了全面而彻底的品德教育，真正实现了一项活动，多方联动，一石三鸟。

（四）达成人人乐学的目标，发展多元智能

实践是一种更为有效的学习。活动的设计中，既定的目标之一就是人人在学，人人会学，人人乐学。活动中，每名学生都是快乐的学习者，都能找到自己的学习定位。通过设计调查表格、参观访问、查阅资料、图示设计、撰写文章等学习活动，相信总有一款学习活动是学生的最爱，激活学生以解决问题和创造该文化所珍视的产品的能力。

综合、实践、活动是学习应有的本色。综合可以让学生的发展全面开花，实践可以让学生的学习脚踏实地，活动可以让学生的生活丰富多彩。让我们牢记南宋诗人陆游的谆谆教诲："纸上得来终觉浅，绝知此事要躬行。"

❖ 第三节 从"做题"走向"做事"

作业改革始终是"减负"政策的核心要素。作业一直很重要，但常常被忽视，长期存在着诸如机械重复、忽视差异、拿来主义、评价缺失等问

题，成为危害学生身心健康的主要诱因。"双减"政策的颁布，再度将作业推向风口浪尖，作业改革势在必行。近年来，国家、地方相继出台了一系列作业管理规定，均要求学校根据学段、学科特点及学生实际需要和完成能力，创新作业类型方式，鼓励布置分层作业、弹性作业和个性化作业，科学设计跨学科实践性作业。基于此，我们立足校情，综合研判，从儿童立场出发，以跨学科实践性作业的设计为抓手，提出了"让100%的学生爱上作业"的作业改革奋进目标。

一、遇到的问题

（一）低开低走，机械重复

长期以来，任课教师是本学科作业的主宰者，拥有绝对的话语权。作业也成为教师的杀手锏。作业的内容主要来自教师的惯性思维，甚至取决于教师的突发奇想，充斥着个人主义，随性而为。许多任课教师布置的多为简单的、记忆性的、重复性的作业，没有较深的思维含量，完成作业的方式单一，作业的内容层次较低。教师把作业当作一种心理慰藉，一味追求量的堆积，认为这就是敬业尽职，但求无愧于心。

（二）千篇一律，忽视差异

在作业的布置中很少关注学生之间真实客观存在的学力差异，所有学生的作业"一刀切"，没有体现作业的针对性、实用性和层次性。对作业的本质、深远意义认识不到位，培根固本意识淡薄，较少关注作业的育人功能。同班级相关学科教师各自为战，缺少沟通，导致作业总量和完成作业的时间经常超标，给学生造成一定的身心负担。

（三）舍本求末，目中无人

现阶段，学校将作业作为应考"法宝"，迷恋题海战术，把学生当作刷题的机器。其实，学生才是作业的主人，才是作业的诠释者。作业不仅仅是完成知识的记忆，更是态度、思维、能力等的集合体。作业应在课程标准框架下，为达成学科核心素养目标服务。作业可以锤炼学生的坚持性、耐心等多种高贵的品质，这些将影响到学生为人处世的风格，甚至影响他们以后的工作和生活质量。

（四）评价缺失，未成闭环

作业成为教学评价的短板，沦为被忽视的环节。作业是学生学习的复盘和延展，是学习生活的重要组成部分。作业应该是包裹着生活的，是有温度和灵魂的。加强作业评价的研究具有重要意义。一方面可以促进教师加强作业的设计研究，另一方面可以有效监控教师的日常教学质量，有效保障所有学生的学习权，体现最基本的教学公平。教师也可以通过命题设计与研究，反哺作业训练，真正发挥作业的学习功能。

二、理论基础

（一）多元智能理论

基于多元智能理论对儿童的认知，挖掘学生的天赋潜能，发挥学生的优势智能，适性扬长，因材施教，在协同学习中发挥同辈群体间的相互促进作用。在作业全程，通过智能的补偿效应，让优势智能带动弱势智能的发展，学力互为补充；通过智能的催化效应，让拥有不同优势智能的学生各显神通，学力相互迁移。

在基础性作业之上，跨学科实践性作业可以为每名学生提供多种表现的可能和机会，作业不再是个人行为，而在于汇聚学生的集体智慧，展现出每个人的才能。基础性作业在追求尽可能统一的答案中努力规避错误，而跨学科实践性作业体现的是学习结果的多样化和无限的可能性，朝向的是真实情境、真实问题和真实任务，旨在让拥有不同智能结构的学生在不断的有效失败中体验成功和自信。

（二）儿童学习科学

每个儿童都是独特的个体，发展过程中存在着天赋性与可塑性、共同性与独特性、完整性与脆弱性、破坏性与创造性等现实矛盾。儿童学习独具不成熟性与不稳定性、无禁忌性与强冲动性、全身体性与全感官性等特征，通常表现为重复学、新鲜学、模仿学、表象学等样态[①]。

脑科学研究表明，当学习者处于问题情境时，他们的脑活动会变得异常活跃，从而引发神经冲动，激活神经细胞，树突快速增长后形成神经元通路。一般认为，问题解决直接作用于智力的增长[②]。我们认为，跨学科实践性作业是较好的载体和突破，通过设计符合学生生理、认知规律的作业形式和内容，让其在与学生生活的连接中激发学生的探索欲，培养学生综合运用知识解决实际问题的能力和在日常生活中保持一致性、连续性、稳定性、开放性与可塑性的品格。

（三）重新定义作业

以作业设计研究撬动教学整体变革，走出作业是知识巩固的工具、服务于单一智育的思想误区，突出作业的育人导向，明确作业的学习功能，将作业融入学习活动设计。通过设计适合每名学生的作业促进学生的思考、理解和探究，促进学生的有意义学习。

我们的目标是让作业走进学生的生活，让100%的学生爱上作业，让学生的作业成为作品。明确了设置跨学科实践性作业的要求，主题可多可少，周期可长可短，成果可圈可点，并在低、中、高年级段提出不同的目

---

① 宗锦莲. 儿童与学习：兼论理想课堂的可能图景 [J]. 教育研究与实验，2019（5）：19.
② 经济合作与发展组织. 理解脑：新的学习科学的诞生 [M]. 周加仙，等，译. 北京：教育科学出版社，2010：147.

标要求。低年级主要引导学生对日常生活现象进行观察，学生形成一定的发现问题、提出问题的能力，初步尝试运用各种感官自主、合作、探究学习；中年级主要基于学科或跨学科领域，通过一些学习关键能力和方法的渗透式或专项训练，使学生具有在一定情境中解决实际问题的能力；高年级主要面向学生完整的生活世界，引导学生综合、重组、迁移、运用所学知识解决真实问题，初步形成正确的价值观念、关键能力和必备品格。

三、解决的具体方法和措施

（一）总体概况（图4.1）

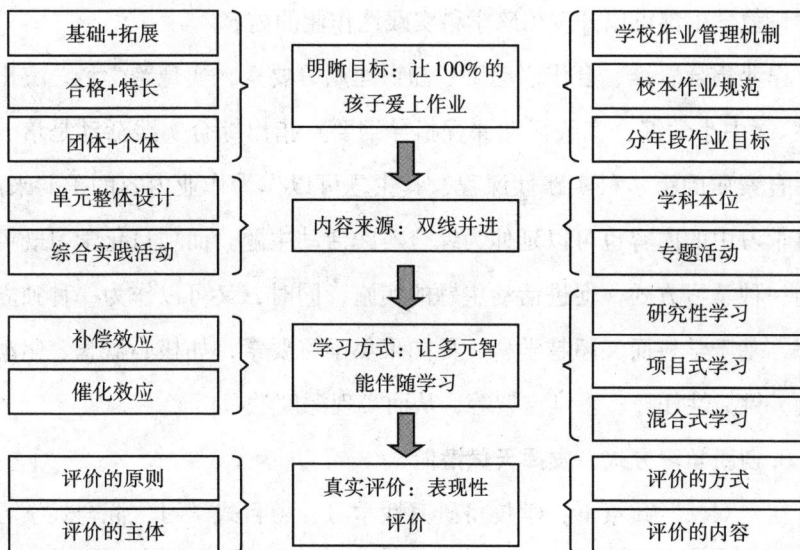

图4.1 总体概况

（二）具体方法与措施

1. 明确目标定位，形成校本规范

遵循"基础+拓展、合格+特长、普及+提高"的原则，根据《义务教育阶段学校作业管理指导意见》等的要求，结合本校实际，制定《作业管理规范》，彰显作业的育人导向，明确作业的学习功能，将作业融入学习活动设计，设计适宜的作业，促进学生的思考、理解和探究。

2. 加强内容设计，服务真实生活

基于儿童立场和学习过程整体设计跨学科实践性作业的内容，旨在加强学习内容与学习经验、现实生活、社会实践之间的联系。学校主要倾向于两种作业设计路径：基于学科的跨学科实践性作业设计和基于主题的跨学科实践性作业设计，实行"单元设计作业"和"专题综合作业"双线并进，整体设计后综合实施。比如，语文六年级下册"难忘小学生活"单元，可以以"明天，我们毕业"为主题开展综合实践活动；科学五年级下册"时间单元"，可以设计长周期作业"制作一分钟计时器"。同样，在所有学科教学中都可以开发出跨学科实践性作业的内容。

作业集合思维、合作、动手、知识运用等要素，实现跨学科，突出实践性。《中小学综合实践活动课程指导纲要》指出综合实践活动是培养学生综合素质的跨学科实践性课程，其主题可以作为作业内容的重要来源，学科学习中的内容也可以延伸为综合实践活动主题。而项目化学习既可以作为一种学习方式，促进活动主题的实施，同时，又可以作为一种独立的形态，基于学科而又超越学科，更加聚焦学习要素，如核心概念、驱动性问题、挑战性任务、思维支架等，从而实现深度学习。

3. 创新学习方式，发挥天赋潜能

在"双减"政策下，学校将研究性学习、项目式学习、混合式学习作为完成跨学科实践性作业的重要方式。学校要求每名学生每学期至少经历一次完整的跨学科实践性学习，至少完成一项跨学科实践性作业，每学期末至少参与一次跨学科实践性学习成果展评。学校基于多元智能理论对儿童学习科学的认知，适性扬长，发挥学生的天赋潜能，挖掘学生的优势智能，在协同学习中发挥同辈群体间的相互促进作用。

4. 加强作业评价，赋予生命意义

学校加强表现性评价的探究，既包括对学生完成作业过程中学习品质的评价，也包括学生创意物化产品成果的评价。学校改变以往单一的作业呈现方式，每学期召开作业成果发布会，静态和动态相结合，现场与展评相结合，团体与个体相结合。

在作业过程评价中，重点通过考察探究、社会服务、设计制作、职业体验等活动方式，在价值体认、责任担当、问题解决、创意物化等领域制定相关的评价量规。同时，借鉴多元智能理论与相关研究成果，加强关键能力的等级评价，聚焦创造性思维、动手操作、观察、合作、沟通与表达、组织与规划、收集和处理信息、自我反思与管理等8个维度进行评价。在评价的方式上，面向每名学生的个性化评价。学生、家长、专业人士、教师都可以成为评价的主体。

四、实践靶向

（一）牵引课程统整实施

义务教育阶段的课程具有等价性和多元性。基于立德树人的根本任务，要为学生德智体美劳的全面发展提供平台，课程的高质量实施是根本保障，而这个支点就是作业的变革。作业是学生综合素质的重要表现方式之一，学校以跨学科实践性作业的设计与实施为纽带，牵引学校课程的全面落地开花。

通过一类作业的设计串联起学科课程和综合实践活动、劳动、德育等经验课程，无缝衔接学校特色课程群。将活动、问题、概念等转化为学生感兴趣的主题，学校的专题教育以课程要素推进，成果、作品以及学生的表现成为作业的重要组成，重过程，重实践，重产出，进一步丰富作业的内涵。

通过一类作业的设计打破教师学科之间的壁垒，构建无边界的课堂和无围墙的学校，让生活成为活教材，世界成为大课堂。课堂教学强调在真实任务中实现知识的联结和运用，基于素养本位进行大单元整体教学，大情境、任务群、学习活动、学习内容一体化，以游戏代入、跟着书本去研学、职业体验等学习方式打通课内课外、线上线下，不断完善学生的知识结构，进一步彰显作业的跨学科实践性。

通过一类作业的设计，带领学生回归真实的学习场景，优化教育生态，变革学习方式，不断挑战未知，"学校在窗外"，让学生逐渐适应社会人的角色，与人互动，与社会互动，走出套装知识的固化，实现经验知识的自由，让做中学、用中学、创中学成为常态，让学习具有不可复制性，教师、家长、专业人士形成教育合力，为学生提供多种学习的可能性，从而促进学生的自我实现。

（二）自主设计作业内容

明确作业育人功能，放大作业的概念，解放传统的思想，从培养完整的人的视角，让作业回归本真，百花齐放。跨学科指的是超越某个单一学科边界而进行的涉及两个或更多学科的知识创造活动。其实，任何一门学科，只要将其学科形式或结构用于解决真实世界问题，它必然先跨越学科与真实世界的界限，然后跨越不同学科间的界限，以解决真实问题，完成真实任务。基于以上认识，学校改革作业结构，基于儿童立场和学习过程整体设计跨学科实践性作业的内容，旨在加强学习内容与学习经验、现实生活、社会实践之间的联系。作业作为教育的一部分，融入学习全程，甚至引领学习目标。

比如，《中小学综合实践活动课程指导纲要》按照"考察探究""社会服务""设计制作""职业体验及其他活动"等活动方式，推荐了152个主题，每个主题都是很好的跨学科实践性作业内容。学校日常开展的爱国教育、环保教育、劳动教育、博物馆教育等专题也可以作为跨学科实践性作业的重要生发点。再如，六年级上册数学"圆周长"单元，设计数学项目化学习"泡面的秘密"，让学习更有温度。

设计长作业：一类是基础型课程延伸的学科类作业（见下图），另一类是专题类综合学习作业。

根据标志性建筑，在上图横线上写出这些世界名城的名称和雅号。

选择其中你最感兴趣的一座名城，收集相关资料，在下面做简要介绍。

综合评价：_____　　班级：_____　　姓名：_____

学习六年级数学"统计"后，布置如下专题类综合学习作业。

玩转"掌上营业厅"

查一查：

回家了解一位家人近一个月手机费用使用情况，具体可以通过手机"掌上营业厅"中"账单查询"功能查找。

画一画：

将查找到的"本月消费"扇形统计图和"历史消费趋势"折线统计图画下来，并记录好相关数据。

写一写：

1. "本月消费"中哪一项费用最多？哪一项费用最少？分别各占总费用的百分之几？

2. 近六个月以来，手机费用使用情况是怎样的？

3. 请你对下个月的费用，进行合理的评估与预测，并对家人的手机费用的使用提出合理的建议与方案。

综合评价：＿＿＿＿＿　　班级：＿＿＿＿＿　　姓名：＿＿＿＿＿

（三）深化作业专题研究

近年来，学校依托特级教师工作室，创建聚贤青书院、云渚学堂里、跨界潮乐创、写作会客厅、未来教师季等应用场景有计划地储备种子教师，坚持每月阅读一本教育专著，涉及"跨学科学习""项目化学习""课程"等专题，定期组织读书报告会、读书征文等成果反馈活动。同时，积极参加上级组织的项目化学习、综合实践活动、地方课程等研讨活动，选派优秀教师参加市区级优质课、基本功等教学评比活动。目前，这股力量起到了较好的辐射、引领、示范作用，每个人都是一粒火种，渐成燎原之势，点燃、影响、带动了身边更多的人。

如今，学校组建了由60余名35周岁及以下教师组成的跨学科实践性作业研究团队，成员覆盖所有年级所有学科。研究团队在学习和借鉴全国各地优秀的跨学科实践性作业成果基础上，一方面围绕"什么是跨学科学习""如何基于驱动性问题设计项目""如何培养学生的高阶思维""跨学科实践性作业的类型及表现形态"等专题展开学习研讨。另一方面，围绕跨学科实践性作业中学生所需要的学习方法或关键能力进行课内专项指导，如"观察的方法""如何设计问卷""怎样讨论""学会采访""如何设计方案"等，以学生学习力的提升保障跨学科实践性作业的科学规范。

跨学科实践性作业是教学的自然延伸和必由之路，能够促进学生的学习素养螺旋式上升。学校教师不再是单兵作战、各自为战，而是用领域化、结构化的思维，不同学科的教师协同配合，突破知识与真实世界的藩篱，建立学习的目的和意义，提升学生的知识横向迁移能力。一年级聚焦劳动教育专题，与语文、道德与法治等学科统整后，设计了叠被子、叠衣服等技能作业；二年级聚焦传统文化专题，设计了经典咏流传、诗词里的秋天等主题作业；三年级聚焦绿色亚运专题，设计了玩转"掌上营业厅"、小小课报员等主题作业；四年级聚焦良渚文明专题，设计了粮仓的秘密、良渚先民服饰等主题作业；五年级聚焦校园文化专题，开展了七贤小学吉祥物设计等主题作业，围绕人工智能，设计了校园门口交通拥堵情况调查等主题作业；六年级围绕音乐元素，设计了制作课堂小乐器、小小影评员等主题作业。（表4.5、表4.6，两表来源：杭州市余杭区良渚七贤小学教学成果）

表4.5 "无书面作业日"实践性作业安排

主题：艺术与科学   时间：10.19—10.26

年级	内容	要求	呈现形式
一年级	名画模仿秀	欣赏《戴珍珠耳环的少女》《吹笛少年》《头顶面包的女子》，用物品装扮自己，模仿画中的人物形象	（1）10月第3周，在家人的帮助下模仿画中人物形象并拍照上传 （2）10月第4周，模仿作品欣赏
二年级	跟马蒂斯学剪纸	学习马蒂斯抽象、夸张的剪纸拼贴艺术	（1）10月第3周完成剪纸纹样 （2）10月第4周，将所得纹样进行排版、拼贴。班内实物展示
三年级	放慢脚步发现美	用父母的手机拍摄放学路上的风景，如落日余晖或路边的植物	（1）10月第3周拍摄并上传 （2）10月第4周班级展示

表4.5（续）

年级	内容	要求	呈现形式
四年级	制作我的小乐器	自备材料，灵活使用身边的材料，制作能发出高低不同声音的小乐器	（1）10月第3周完成制作 （2）10月第4周交流、展示、评价
五年级	制作河流旁的房子模型	自备材料，可以由小组合作完成，灵活运用侵蚀等知识点合理设计房屋位置	（1）10月第3周完成制作 （2）10月第4周交流、展示、评价
六年级	制作胡萝卜独轮车	自备材料，灵活应用工具，任选文字或视频接收信息，制作胡萝卜独轮车	（1）10月第3周完成制作 （2）10月第4周展示评价，文字和视频两种传播方式

表4.6 "无书面作业日"实践性作业安排

主题：好玩的数学　　　　　　　　　　　　　　　　　时间：11.7—11.18

年级	内容	要求	呈现形式
一年级	6～10的认识与加减法	（1）表示9的分与合 （2）设计一图四式 （3）用简图设计加法问题、减法问题 （4）数学故事设计：8-3+2=7	（1）图片呈现 （2）画图 （3）示意图 （4）数学故事图
二年级	童画乘法口诀	学生充分发挥想象，创造各种形式和花样，想出与书本上不一样的乘法口诀	奇特的乘法口诀表
三年级	长长短短各有妙用	（1）量感培养：估出来的量感与测出来的量感 （2）小小设计师：运用所学知识，设计并制作一个漂亮又实用的笔筒 （3）小小测量师：测量并记录常见物体的长度，到生活中去感受长度单位，写一篇身边的"长短日记"	（1）笔筒 （2）日记 （3）手抄报或实践活动单
四年级	生活中的数学	（1）统计每周家庭用电量以及电费 （2）观察家庭中各电器的功率、耗电量 （3）绘制一份含有统计图表、电器功率以及用电建议的小报	（1）用电量统计表 （2）家庭用电建议指南

表4.6（续）

年级	内容	要求	呈现形式
五年级	制作一个骰子，并设计一个数学游戏	（1）独立制作一个骰子（材料和大小不限） （2）数学游戏：可以独立设计也可以自由组队完成，要求游戏内容需涉及数学知识 （3）记录：活动照片或视频或小练笔	（1）骰子作品 （2）数学游戏（纸）
六年级	用圆规和直尺设计漂亮的图案，并提出与周长和面积有关的问题	（1）用圆规和直尺设计漂亮的图案，画出过程图 （2）根据图案，设计有关周长和面积的问题并解答 （3）记录：活动照片或视频	手抄报

学校改变以往单一的作业呈现方式，利用微信公众号、现场会等形式定期召开作业成果发布会，静态和动态相结合，现场与展评相结合，团体与个体相结合。同时，借鉴多元智能理论及相关的研究成果，加强关键能力的等级评价。在评价的方式上，面向每名学生开展电子徽章、电子证书、智能之星等个性化评价，学生、家长、专业人士、教师都可以作为评价的主体，凸显学生的学习权，赋予学生高峰体验，发展学生的成长型思维。

五、成效与反思

（一）取得的成效

1. 理论方面

（1）健全本校作业整体设计的思想体系和管理规范，探索出适合本校的作业操作范式，制定本校作业管理操作手册，进一步丰富教学文化。

（2）搭建学校跨学科实践性作业的资源平台，明确不同类型的跨学科实践性作业的目标、内容、任务、要求、实施路径、评价方式等设计要素，促进教、学、研、评的一体化。

（3）建立学校跨学科实践性作业的研修制度，提高本校教师自主设计作业的能力，并形成一些有参考借鉴价值的设计案例，从而促进教师课程设计能力的提高。

2. 实践方面

（1）让100%的孩子爱上作业渐成现实，并促进学生初步养成了一些优秀的学习品质，如学习的责任心和坚持性、学习兴趣和学习自信、元认知能力、解决问题和创新实践能力、自我管理时间的能力等。

（2）教师能够主动回应"双减"政策，主动参与作业设计，并成为常态。教师能够跳出本学科思维，从核心素养视角重新定义作业，打破了学科边界，实现了教师之间真正意义上的无边界教研，保障跨学科实践性等"长作业"的高质量。

（3）在"双减"政策下，学校通过作业设计撬动了课程、课堂与教学改革，激发了办学活力，挖掘了教师个人与集体智慧，提高了教学管理水平，整体办学质量稳步提升。

（二）理性思考

1. 作业优化促进经验课程的高质量实施

跨学科实践性作业代表的是一类作业主张、样态和行动，是对常规操练和书面练习的补充、延伸和转型升级，它倾向于在大概念、大单元、大任务、大情境引领下的跨学科实践性建构，具有较好的融通性、普适性和互动性。它既可以把经验课程、专题教育的内容作为统领，或生成驱动性问题，或生成研究的课题，也可以从学科课程的单元设计、综合性学习等领域寻求突破口，转化为学生感兴趣的作业内容。跨学科实践性作业的学习及呈现形态弥补了诸多常规作业的缺憾，它作为一种课内与课外高度关联的纽带，打通了学生深度学习的"最后一公里"，让学生的学习生活更加完整，对于促进各类课程的高质量实施提供了更多的可能性。

2.作业设计倒逼教师专业能力再提升

在"双减"政策及当前的教育发展态势下，教师迎接未来的挑战需要更高的站位、更大的格局，要拥有一专多能的素质或者跨学科思维。可以预见的是，教师课程开发和各类作业设计的能力将来会越来越重要。跨学科实践性作业对于教师来说，首先是思想的革命，作业的功能、目标、内容、方法、形式、评价等，都是对传统思维的冲击，作业的内涵更丰富，外延更广泛，是项目、课题、产品等的同义词。其次是角色的转换，教师不是让孩子"写"作业，而是真正地"做"作业。学生不是在做一位教师的作业，而是同时做多学科教师布置的作业。学生在作业中不仅仅是复习巩固知识，不再谈虎色变，而是从"做题"走向"做事"，是持续的发力、兴趣的使然、愉快的生活。最后是教研的迭代，同科同段、同科跨段、跨科同段、跨科跨段等不同层面的教师经常性地研讨、沟通作业，教师成为项目设计师和项目实践师，慢慢成为精品课程的缔造者。

3.学生发展得益于作业的革故鼎新

在当下知识爆炸的时代，比起让学生掌握尽可能多的知识，更重要的是完善学生的知识结构，让学生掌握获取新鲜知识、与人合作解决实际问题的能力。跨学科实践性作业基于学校、社会的内容来源，需要考察、设计、服务、体验等多种学习行为以及各种各样的作业表现形式。诸如此类的学习为每名学生打开了成长的另一扇窗，学生的优势智能领域得到发展，同辈群体间的合作学习得到了实现。跨学科实践性作业的价值在于面向每名学生，让每个人都找到属于自己的挑战性任务，学生沉浸在完成作业的过程中，学习是可感知、可触摸的，是有温度、有生命张力的。最终，我们将看到学生的综合素养得到了实实在在的提升，100%的学生都爱上了作业。

第五章 多元智能学习评价

❖ 第一节 评价要面向个体

加德纳指出：评价的主要目的应该是帮助学生，评价人员有责任为学生提供有益的反馈，如识别他们的优势智能和弱势智能领域，提出应该继续学习或投身于有关领域的建议，指出哪种习惯是有创造性的，以及未来评价可以预期的结果是什么。特别是在教育资源有限的条件下，应为每个人提供展现自己优势智能的机会。多元智能课堂不仅让学生的优势智能得到巩固和强化，更需要让学生的其他智能得以发展。这就要求教师在课堂的关注点更加多元，评价的视角更丰富。不仅是评价本身，更关注评价的价值；不仅关注学生智能的表现，更关注活动的开展是否有助于智能的发展；不仅关注小组的智能组合是否有利于学生智能的协同发展，更要重视小组评价，建立多元智能课堂学习评价的共同体。

一、扬长"补"短

以往的课堂学习活动评价关注得更多的是知识的传授，评价的仅仅是学生在学习活动中的一些表面的表现，其实每种表现背后都有可以挖掘的宝藏。多元智能课堂学习活动评价就是让教师通过观察与倾听，了解学生智能的表现程度、学习活动对学生智能发展的促进程度。教师要善于发现每名学生的天赋潜能，给学生提供展示的机会，帮助他们认识自我，树立信心，产生晕轮效应，发挥优势智能的带动和影响作用。

同一首歌

"六一"国际儿童节当天，学校举行了盛大的庆祝联欢活动，每个班级都要准备节目，通过初审、复赛等环节，最终确立了联欢活动的节目单。也就在当天演出的时候，我认识了六年级的秋菊（化名）。

"下面请欣赏六年级秋菊同学给我们带来的独唱《同一首歌》，大家掌声欢迎！"主持人话音刚落，掌声雷动，秋菊同学一路小跑着上了台，抑制不住满脸的兴奋。我仔细地打量着她：黑黑的，胖胖的，高高的，身着普通的校服，无论是长相还是穿着，均无出众之处，甚至连她上台的跑姿也与整个舞台格格不入，怎么都看不出她是那种擅长唱歌的学生。老天好像故意跟她开玩笑，在同学们的期盼中，那《同一首歌》的优美旋律却迟迟未能响起，只见原本就略显腼腆的她更加手足无措，双手在不停地揉搓着话筒，站着也不是，离开也不是，此时她只好将目光投向了负责播放伴奏的张老师，想知道到底是什么原因。台下已是一片躁动，同学们开始不安分起来。见此情景，我找到了张老师，弄清楚了事情的缘由：原来此事怪不得秋菊，她准备的伴奏是磁带，而学校仅有的一台具有扩音功能的录音机恰巧在播放这盘磁带时坏了。这时她的班主任王老师也急坏了，说这是秋菊主动请缨参加联欢会的，秋菊平时是个比较内向的孩子，不善于表现自己，成绩一直都不太理想，这次难得那么积极，磁带却坏了。王老师突然间冒出了放弃这个节目的想法，对我说："算了，不唱了，让她下来吧！"这句话当时只是在我耳畔一闪而过，随后我在心底慢慢盘算：不行，绝对不行！毕竟这是孩子经过辛辛苦苦准备了的，是她小学阶段仅有的一次登台机会，不能让她有一丝的遗憾，我一定要让她在同学们心目中留下美好的印象，帮她实现这个愿望。这时我拿起了话筒，向全体同学说道："同学们，由于学校录音机坏了，所以无法伴奏，我们先调一个节目，等会再请秋菊为大家演唱，好吗?"同学们表示支持。

　　征得同学们的同意后，我迅速带着秋菊来到了办公室，拿出MP4在网上为她下载了一首高质量的《同一首歌》原唱伴奏曲，当告诉她这个效果要比播放磁带的效果好时，秋菊的眼里充满了感激。此时的她并没有急于上台，而是向我提出了一个请求：她要跟着刚刚下载好的伴奏，再练习唱两遍。这次我被她感动了，感动于她的真诚，感动于她的认真。我突然意识到，学习成绩不好也许是她暂时的遗憾，但这次如果不让她上台唱出心里的歌，将会是我们做教师的一生的遗憾。的确，有些事，错过了就是永远，有些人，一转身就是一辈子。在同学们的欢呼声中，秋菊再次走上了舞台，这次她明显地比上次有了自信，满脸洋溢着自然的微笑。《同一首歌》的舒缓旋律如约般响起，我悬着的一颗心终于放下了。"鲜花曾告诉我你怎样走过，大地知道你心中的每一个角落，甜蜜的梦啊谁都不会错过，终于迎来今天这欢聚时刻……"秋菊应和着旋律，动听的歌声将现场的观众征服，掌声不自觉地响了起来，先是一小群人，接着几乎全校的同学都跟着唱起了这首《同一首歌》。也不知是哪个班的调皮女生，从哪弄来了一束鲜花，跑到台上将花献给了秋菊，并给了她一个激情的拥抱，这更让秋菊找到了"明星"的感觉，并且在那么短的时间内就有了自己的"粉丝"。

　　在这种"明星"的感觉中，秋菊好像变了一个人，以后见我总是微笑，我知道是我的关注与赏识让她重归了生活的完美状态。从秋菊身上，我深刻感觉到遇事不要轻言放弃，方法总会比困难多。孩子的每次展示自我的机会教师都要珍视，万不可以貌取人，以分取人。我们可以从多元智能理论中得到启示，每个孩子都是独一无二的个体，每名学生与生俱来地都拥有八种智能，并且都至少拥有一项优势智能，也就是说每名学生在某一素质领域都会有其出众之处，只要好好培养，给他们展示才能的机会，他们都可以取得长足的进步。从秋菊身上，我也看到，正是由于她的优势智能得到了展示，让她扬起了生活的自信，培养了学习的兴趣，带动了弱势智能的发展。随后到她临近毕业的一段时间，我明显感觉到了她是那样的幸福，幸福得就像花儿一样。

二、各美其美

茫茫宇宙，浩瀚星空，点点繁星有的明，有的暗，有的近，有的远，但每颗星星都有存在的价值和意义，都能释放出自身独特的光芒。诚如日本诗人金子美铃《我、小鸟和铃铛》所写：我伸开双臂，也不能在天空飞翔，会飞的小鸟却不能像我，在地上快快地奔跑。我摇晃身子，也摇不出好听的声响，会响的铃铛却不能像我，会唱好多好多的歌。铃铛、小鸟，还有我，我们不一样，我们都很棒。

野百合也有春天

一

不知从何时起，学校的篮球场上多了一个群体——我班的一群令人"头疼"的小男生，他们曾经可是学习上的"困难户"，是老师们眼中的"野小子"。事情还得从那天说起。语文课堂上，我看到豪和康胖墩墩的身材，调侃道："看看你们那身材是怎么保持的？还是打打篮球减减肥吧！"可能是这句话"一语惊醒梦中人"，在他俩的带领下，这群小男生火速组建了篮球队，每到课间，总会看到他们在篮球场上拼杀的身影。

一日午后，我吃完饭闲来无事，在这群小男生的怂恿下，篮球"瘾"上来了。他们训练的时间虽然不长，却颇有些套路和章法，对抗也很凶猛，把我防守得死死的，有效地限制了我的发挥，给了我一个"下马威"。最让我佩服的还是短短时间内，他们的投球命中率已经达到了相当高的水平。

在与他们打球的时候，我曾一度担心过他们的学习成绩，太过活泼往往给人学习不踏实的感觉。事实证明，我的担心是多余的，由于我们有了共同爱好，他们从心里把我当成了志同道合的朋友。课堂上他们踊跃发言，积极表现，有好几次还在课堂冷场的时候救了我的急。他们的每项学习任务都完成得很好，对我产生了高度的认同。

是他们，让我对《学记》里的"亲其师，信其道"这句话有了全新的认识：让学生亲师，不仅仅局限于课堂，还应延伸到学生丰富的课外生活中去，在此过程中与学生真心相处、真情交流，赢得他们的信赖与支持。

二

某天下午学生放学后，我在回办公室的途中瞥见教室的门没有锁，隐隐约约听到几名学生嘀嘀咕咕的声音。好奇心促使我走了过去：这么晚了他们为什么还不回家？我来到教室，看见一群人围在一起，见我来了，赶忙散开。只见桌子上留下了一个玻璃罐，罐里有些水，水里居然有一条蛇。没有任何心理准备的我着实吓了一跳。那蛇不停地蠕动着，蛇头昂得老高，精神好得很，我断定它被捉来没有多长时间。我问"捕蛇人"是谁？他们异口同声地说是硕。

我完全相信，因为硕是个喜欢捉鱼摸虾的孩子。他与水有着不解之缘。以前他的双休日作业总是不能按时完成，很多同学都说见他去河里摸鱼了，所以我曾在某一天跟他开玩笑："以后你的作业就交两斤鱼吧！"谁知他第二天真给我拿来两斤鱼，弄得我哭笑不得。把学生支回家后，我让硕把蛇放生。第二天早晨，我一走进教室，就看见洋神色慌乱，我还听到了脚踢玻璃瓶的声音，原来蛇又成了他的"宠物"。就在他们做作业的空当，我发现蛇已经奄奄一息了，痛苦地蜷缩成一团，一动也不动。我忙问洋怎么回事。没想到他炫耀起来，说是康和硕打赌，康说蛇最怕具有刺激性气味的物质，而硕不服。康从家里拿了一些风油精，撒到了蛇的身上，蛇就成了现在这副可怜的样子。我问洋："蛇死了吗？"洋说："没有。"他一边说还一边拧开瓶盖，用手扇来新鲜的空气，让蛇透透气。果不其然，不一会儿，蛇头又动了起来，像是来了精神。洋又是一脸骄傲。

不走进他们的生活，不会发现他们的可爱，万不可小觑孩子们的好奇心，因为科学发现和发明创造都是从好奇心开始的。我庆幸，我呵护了他们的好奇心。

三

那天走进教室，闹哄哄的，原来又是豪等几个孩子的事。班内流行起互加微信好友活动，他们见我来了，又把矛头指向了我，我也不想破坏他们的兴致，告诉了他们微信号。谁知这个周一早上，我见到了豪，他劈头就问我："老师，你的网名是不是叫'忘忧草'？"我说："是啊！你怎么知道？"他说："我星期天上网，你不在线，想加你好友呢！你待会上网把我加上啊！我的网名是'海归靓仔'。"他的一双眼睛里满是期待。在看我桌上摆着一本教师的论文集《不走寻常路》时，他又满眼放光，提出要求，要我把这本书借给他看几天。我说道："这些都是老师写的东西，不太适合你看。"他还是坚持要借回去看看，最终，我还是拗不过他，借给了他。过了没一会儿，硕也来到了办公室，提出同样的借书要求，我也只好答应。

前两天，无意中看到这本论文集正在同学之间传阅，场面非常火爆。其中有一篇是我今年在《师道》上发表的文章《约定》，写的是我和康之间的故事，不过里面都是用的化名。豪读过这篇文章后，居然狡黠地问我康是谁，我只好回他神秘的一笑："这涉及学生的隐私，保密！"

谁知一日登录微信，"海归靓仔"找我闲聊，仍抓住此问题不放，竟有股打破砂锅问到底的毅力，我只好跟他说："你看像谁就是谁了。"我想，康一定也知道了这篇文章，无意中又多了这些见证人，我们的"约定"一定会实现的。

一花一世界，一叶一菩提。孩子的思维有时总是让成年人捉摸不透，面对孩子们还算合理的要求，最智慧的做法就是尽最大可能地满足，无限相信学生的潜能。我对他们读不懂的担心是多余的，既然读，总比不读强，或许真正的读书习惯就是从这次的借阅开始养成的。

伟大的人民教育家陶行知先生有句至理名言：在你的教鞭下有瓦特，在你的冷眼中有牛顿，在你的讥笑中有爱迪生。我也记得多元智能理论的启示：学校里没有差生，只有智能发展各异的学生。与他们相处，我是幸福的，他们也是快乐的，我尊重他们的个性，捍卫他们的童年。因为，野百合也有春天。

三、对症下药

在学生凭借自身的力量努力向上生长的过程中，教师需要发挥穿针引线的作用，这样学生的自我认知智能才能在其中静悄悄地发展。教师要拓展评价的内容、形式和手段，观察、访谈等都可以作为评价的辅助手段，并且有助于过程评价的优化。多元智能的评价提倡发现学生的不规范行为或者非正常行为。所以，教师要善于把握评价的机会，发现问题，分析问题，做出诊断，实施相应的激励、矫正策略，从而发挥评价的育人价值。

等爱的玫瑰
——讲述我和小孙的故事
缘　起

至今还记得那次的习字课，教室内一如既往的安静。唯有那急促而富有节奏的写字声，如行云流水般传入我的耳中。我很欣慰，学生是那么认真：两耳不闻窗外事，只顾埋头做作业。我联想到刚刚改完的课堂作业本，除了极个别"钉子户"，班级整体状况有了很大改观，学生学习成绩的提高指日可待。

我漫无目的地巡视着，一个不经意的眼神定格在小孙身上。他是我眼中的"老顽固"，是所有科任老师的"眼中钉"。我注意到别人都在做作业，他却无所事事，自顾自摆弄着什么，我上前询问，他不做作业只因为一个简单得不能再简单的理由：学校规定写作业要用钢笔，而他，有一大把圆珠笔，却没有一支下水流畅的钢笔。

诊　断

"人类的心理适度最重要的就是人际关系适度，所以人类的心理病态主要是由于人际关系失调而来。"赞比的这句话引发了我的些许思考。我不由想到小孙的日常表现：性格孤僻，沉默无语，哪怕说起话来也很是拘谨，"不敢高声语，恐惊天上人"一般。之所以会出现上述情况，就是因为小孙与他人的交往出现了问题，没有交往的意识和习惯，导致与他人关系的疏远。用多元智能理论来考量，小孙无疑属于那种人际认知智能有偏差的孩子。

但在我看来，小孙就像一朵含苞待放的玫瑰，花瓣的包裹丝毫掩饰不住那内在的芬芳气质。他身上有一股潜在的力量，仿佛随时都会喷薄而出，只要给予他足够的关注，相信他会与此前判若两人，原本的他不该那么沉默与孤单，我始终坚信这不是他的本性。正如杜威所言，在人类所有的冲动中，以"希望成为重要人物"的欲望最为强烈。

策　略

1. "小豆豆"们的启示：爱和尊重是良药

他是一朵等爱的玫瑰。转变他，我打算从我们一起读过的黑柳彻子的《窗边的小豆豆》开始，我从小豆豆身上，仿佛看到了他的影子，也看到了他走向成功的希望。高桥君、朔子、阿泰、大荣君……书中一个个的人物，演绎着不同的故事，一群当年像小豆豆一样调皮、被认为无可救药，甚至被迫转学、退学的孩子，最终都获得了成功的人生，我又是多么美慕，这不正是我的追求吗？我要以足够的爱心和尊重来正视学生之间的差异。"巴学园"的小林校长假如没有对孩子的爱，没有对孩子的尊重，绝不会心平气和、耐心十足地听一年级的小豆豆讲四个小时的话，正因为他会耐心地倾听，才会在春风化雨中充分挖掘了不善言辞的小豆豆说话的潜力。

2. "巴学园"式的实践：发现天赋潜能

小豆豆曾经是个因淘气被学校退学的坏孩子，后来在"巴学园"里却成为一个朝气蓬勃、天真烂漫的好孩子。我也为小孙努力营造着"巴学园"式的生活，我更愿意像"巴学园"的小林校长那样，成为他最好的朋友。"巴学园"盒饭里那"海的味道、山的味道"让我思考给小孙什么"味道"的教育才是最适合他的。虽然不能像"巴学园"里说的"上午如果把课程都学完了，下午大家就集体出去散步，学习地理和自然，夜晚就在大礼堂里支起帐篷'露营'，听小林校长讲旅行故事……"但在课堂上，我常常给他说话的机会，训练他的口语表达能力；平时没事的时候，我让他帮我做一些跑跑腿的活，他倒也很乐意，总是开开心心的；有时课前一分钟演讲的时间，我会特意安排他为大家讲述"巴学园"和小豆豆的故事；我会经常打电话给他的家长，诉说着他的成长与进步；我们也在一起打篮球，培养共同的爱好；我还让他做我的"内线"，经常找他聊天，了解班级的状况与学生的表现……我的真诚关注让他体验到了存在的价值，他开朗自信了许多。

反　思

惯性的教学思维让以前的我把小孙打入了"冷宫"，使之成为唯"分"是从的教育环境下的"悲剧产物"。教育质量的窄化与异化，为考试而教、为分数而教的观念让我们一度忽视了人的发展与培养。"没有爱就没有教育"，心中有爱，绝对可以让教育更有理性，更有激情，更有智慧，也更有味道。充盈着爱的教育中，众多的"小孙"将不再是待开的玫瑰，在成就动机的驱使下他们那盛开的愿望必然势不可当。他们的盛开或许静悄悄，需要我们更多的爱和期待，或许就在一刹那，需要我们更多的引导与呵护。与此同时，我们也会收获一路芳香。

四、机会主义

多元智能课堂学习活动评价的目的是用榜样的力量传递、示范每名学生应该学会的、懂得的学习表达方式，与同伴合作学习的方法，以及面对问题积极的态度和学习的信心。尤其是对于一些智能表现不太突出的学生，更要抓住契机，发挥他们的亮点，帮助他们收获自信，精彩绽放。印象特别深的是班里有位侯同学，平时不善言辞，各项智能都不太突出，但在这学期的课堂作业书写方面简直像变了一个人，于是老师将他的作业带进了作业展评会，投影在大屏幕上，让学生来评价这本作业。许多学生给出了"写得太好了"的评价。老师让他们说具体一些，学生纷纷发表自己的意见："书写工整，上下都对齐了""字写得很漂亮""所有的直线都按要求画得很直，是用尺子画的""题目都做对了，可能检验了"……此时，老师让学生猜一猜这是谁的作业，学生报出了平时书写特别棒的几名同学的名字，当看到侯同学的名字时都发出了欢呼："太厉害了""太棒了"。许多学生忍不住给侯同学鼓起了掌。在那一刻，那个小小的、有点害羞的男生脸上有种说不清的光芒，那个光芒让老师很感动，这之后他的作业越来越工整，再也不似从前那样脏兮兮的了，课堂上更是努力地参与发言，整个人变得很积极。而在这件事之后，许多学生都自觉地改进了作业的书写。

在孩子的成长过程中不缺少大道理，但唯有人心才能真正达到教育的目的。但很多时候我们给孩子的评价是基于他的弱点，这样的评价降低了学生的学习信心，强化了他的负面意识，甚至让很多学生产生破罐子破摔的心态。如，维持课堂秩序的方法就是表扬坐得特别端正的学生，教师用正面的评价给学生暗示，让学生懂得正确的学习方式，用同伴的行为去感染其他同学，这才是聪明之举。

多元智能课堂通过学习活动来进行学习，更注重利用课堂学习活动评价来学习。学生在相互评价中了解同伴，了解自己，并不断地提升自己，在评价过程中，学生在语言智能、逻辑—数学认知智能、空间智能、音乐智能方面得到发展，更进一步发展学生的自我认知智能、人际认知智能，为学生的合作学习创设良好的氛围。同时，学生通过多元智能课堂学习活动评价获得支持系统，从来自小组内的到来自班级的，从来自同伴的到来自教师、家长的，从来自他人的到来自自我的。学生在评价的过程中内省、发展、完善，并将在群体中获得的认同、自信化作继续前行的动力和克服困难的勇气，让学生可以走得更远。

最珍贵的生日祝福

今天是我的生日，如往常一样即将在平平淡淡中度过。突然，手机嘀嗒的短信声打破了平静，是老婆最先翻看了手机。她先是一脸惊愕，随即给我卖了个关子："你猜是哪名学生给你发的生日祝福短信？"学生？我心生惊喜，但猜了一大圈我也没猜中，她最终告诉我是吉（化名）。我做梦也不会想到是他，因为吉是一个内向寡语的男孩子，语文成绩不高。作为教了他四年的语文教师，看到他的语文成绩从个位数到双位数，从一二十分、三四十分，再到五六十分，一点点地进步，一点点地提升，我打心眼儿里为他感到高兴。他怎么会知道并记得我的生日？他怎么会有勇气给我发短信？他又为什么给我这些祝福？

这条短信，让我情不自禁地思索：四年来，我到底给了他什么？

四年来，我让他逐步喜欢上语文学科。我清楚地记得，三年级第一学期的期中考试，吉考了7分。他的母亲说他从小就不喜欢语文，他一、二年级的语文老师也向我说了他的诸多轶事。出于职业责任心，我坚定了一个信念：尽我所能，促其进步，不求其脱胎换骨，但求我无愧于心。"教育是慢的艺术"，慢工才能出细活，我努力做教育的"农人"，每天坚持对他进行"五个一"（即背诵一首古诗、课前一分钟演讲、练习一刻钟钢笔字、撰写一篇日记、理解一句名言）的训练，用"农人"的耐心和细心等待他的慢慢成长，促进他语文素养的逐步提升。

四年来，我从来没有让他因为语文成绩差而自卑。我在同学面前只公布优秀的和有进步的学生的成绩，更多的时候是进行个别交流。这种对待成绩的方式，使得吉在语文学习上没有丝毫压力，不再惧怕考试。在课堂上，我给了他更多的机会，使他得到了更多的表扬。我深知，相对于那种"填鸭式"的魔鬼训练方式欲速则不达，我的教育方式是春风化雨，润物无声。在吉身上，我用过"借分制"，为他"开小灶"，让他做我的小助手，与他一起读《窗边的小豆豆》《昆虫记》……我追求教育的有效，不仅仅是理想的分数，而是重视对他进行人格的塑造、思想的迁移、习惯的优化，我的理想是教他三年、六年，为他未来三十年、六十年的生命质量奠基。

四年来，我跟吉的父母联系最多。电话、家长会成了我们联系的主要方式。吉的母亲对他抱有很大的期望，总是能及时有效地跟我反馈吉在家的具体表现，比如怎样让吉识写同步，怎样提高吉的写作能力等，我都力求准确地对吉的问题加以诊断，向其母亲提出一些科学的教育方式。尤其是在家长愁眉苦脸、孤单无助、急躁无望的时候，我一直不停地鼓励，把在书上读到的一些国内外教育专家的先进经验与他们分享，就这样，在坎坎坷坷、跌跌撞撞中和吉的家长保持了四年的密切联系。家长的有效参与，对于吉的心智的健康成长起到了积极的促进的作用。俗话说，"问题孩子的背后一定有个不懂教育的家长"，我深信家长的示范、监督和对待学习的积极态度会对孩子产生重要的影响。

接着，我又思考：四年来，我到底收获了什么？

四年来，我亲历了吉的点滴进步。语文学习兴趣的提高、学习成绩的进步……都是最好的证明。在这个过程中，吉没有让我因自己的坚持而后悔，反而让我更加坚定了不抛弃、不放弃每名学生的教育信条。教育学生不能千人一面，要洞察学生的个性与特点，并为其量身定做有效的培养方案，相信每名学生都是可塑之才，每名学生通过教师的良好教育都可以取得长足进步。

四年来，他作为我的研究个案，给了我实践的验证。转变他的信念让我把他列为了我的研究对象之一，他帮助我积累了大量的研究素材和研究经验，促使我不断读书学习，促进了我的专业成长。如何运用多元智能中的优势智能带动其弱势智能的发展，是我思考最多的问题。在吉的成长过程中，我收获了许多实践的智慧，这是在书本上永远也读不到的东西。

四年来，他给了我一个幸福的生日。或许是性格的原因，也可能因为我是男老师的缘故，我不喜欢张扬，也不喜欢对学生过多地表露自己的诸多感情，很多时候都是把对学生的爱深藏在心底。所以，每逢重要的日子，我很少收到成堆的鲜花和贺卡，每每此时，我跟学生说得最多的一句话就是："你们只要成长的过程中有出色的表现，便是给老师最好的礼物。"可是对于吉，我从来就没有一丁点儿的奢望，从来没想过我对他来说居然是如此重要的人。原来我们在挖掘他的学习潜力的同时，他其他方面的潜力也会随之出现。

苏霍姆林斯基说："尽可能深入地了解每个孩子的精神世界，是教师的首条金科玉律。"作为教师，就是要想学生之所想，急学生之所急，不要埋怨自己的付出没有回报。这种付出只要建立在坚持、尊重与理解的基础之上，学生必会感激一生，送给我们更多的惊喜。

❖ 第二节　新时代学生评价的路向

每到期末，各学校都要对学生进行表彰。就学校而言，有的大张旗鼓，有的兴师动众，有的声势浩大；就学生而言，则有的喜形于色，有的无动于衷，有的黯然神伤。某一年的期末，学校按惯例也为各班分配了优秀学生的名额，如三好学生、优秀班干部等。当我兴致勃勃地向同学们宣布这一喜讯的时候，很多人眼中闪过一丝冷淡，这是我始料不及的。当时我就纳闷：怎么大部分同学都如此漠然？不经意间，我听到有些同学在嘀咕：还不就是那几个人。我一想，的确如此。所有奖励名额加起来不超过11个，这就意味着还有33名学生在本学期"一无所获"。对这部分学生来说，即便有被选举权，也是陪衬而已。有成语说"哀莫大于心死"。既然毫无希望，表现如此冷淡，也就不足为奇了。可是，对于小学生来说，这是一种多大的伤害啊！

　　总之，评价的目的是激励，是发现，是促进，也是改进。教师只有在评价过程中保持中立、客观的态度，用心观察，才能发现每名学生的优势智能，并给予学生中肯的评价和更多的鼓励，让学生在学习活动中感受到来自同伴的善意、鼓励，促进其多元智能的进一步发展和完善。当然，多元智能学习评价需要教师长期的坚持、引导，也需要全体学生不断地实践、努力，这样才能慢慢形成评价氛围。

　　新时代教育评价改革要求坚决改变用分数给学生贴标签的做法，创新德智体美劳过程性评价办法，完善综合素质评价体系。著者认为，评价应该让每名学生的脸上都洋溢着自信和满足的微笑。符合素质教育的学生评价应该实现三个走向。

一、学生评价应该由少数走向全体

　　多元智能理论告诉我们：人各有智，智各有异，每个孩子都是潜在的天才，都与生俱来地、不同程度地拥有八种智能，只要为孩子创造发展智能的机会，他就有可能成为某一智能领域的佼佼者。因此，学生评价要体现公平，首要的一点就是必须关注全体学生，而不只是少数优秀的学生，应该将评价的眼光投射到每一张可爱的面孔上。或许，我们无力改变社会大环境下的学生评价生态，但多元智能理论为我们另辟蹊径，为学生评价提供了很好的注解：学生之间可以有差异，但没有差生。八种智能在每个人身上以不同的方式、不同的份额构成特定的组合，且至少拥有一项优势智能，抓住学生的优势智能，就像发现了一块需要淘炼的"金子"，这块"金子"不仅可以自身发光，还可以带动弱势智能的发展。

　　俗话说，"尺有所短，寸有所长。物有所不足，智有所不明"。教育家顾明远先生曾发出倡议：废除在学生还没有成熟时就将他们分为三六九等的"三好学生"评选制度，要相信每名学生都能成才，学生的任何进步都应该受到鼓励。他认为，评选"三好学生"是与教育方针相悖的。因为我们的教育方针是希望每名学生都能全面而有个性地发展，而非少数人；只有少数人被评上三好学生，客观上使大多数人心理受到伤害。况且，有些学校在实际操作中，又将"好经念歪"，"三好"标准变成了"一好"（学习成绩好）。因此，他倡议：随着新课程改革的推进，"三好学生"评选制度可以废除。评价学生时，我们基于学生的优势智能，用该领域伟人的名字设置了各种头衔，如"小小莫扎特""小小姚明""小小达·芬奇""小小莎士比亚"等，同时以智能分类加以设置，如"人际交往之星""音乐之星"等，为了便于操作，我们还根据学生的实际表现按标准设定了不同的等级（如一至五星级）。

二、学生评价应该由结果走向过程

众所周知，评价的作用在于激励、唤醒与鼓舞，学生的进步和智能的发展靠日积月累、厚积薄发，并非一蹴而就之事。儿童的学习是不断进阶的过程，具有天赋性和可塑性，同时表现为新鲜学、模仿学、重复学、持续学等样态。学生发展的过程蕴藏着无限的可能性，因此，关注学生的日常发展比单纯追求结果更有意义。何况学生的意志力是不稳定的、脆弱的，需要时刻鼓励、强化。结果的评价固然重要，但要想取得长期效果，功夫应下在平时，因为学生是处于不断发展中的人。为此，评价学生要多多考虑发展性指标，评定中要引导学生更好地发展，这才是最重要的。

开学初，班主任就要让学生知道这学期评定的目标和内容，要了解学生的优势智能，帮助学生确定奋斗的目标和实现途径，所有的科任课老师都要参与进来，让学生的主体地位得以凸显。学生评价过程可以是即时性的，也可以是周期性的。即时性的评价可以浓缩为一次课堂上的表现、一项出色的作业，短周期的评价聚焦于每天、每周的综合表现，中周期的评价聚焦于每月的总结反馈，长周期的评价则致力于全面评价一学期或者一学年的表现。具体形式可以根据学习内容、学习任务、班级活动、才艺展示等情况而定；主评人可以是教师，也可以是小组长，还可以是学生本人；评价对象可以是个人，也可以是小组，这样的评价既起到鞭策的作用，又促进了学生的发展。

学生的评价从结果走向过程既体现了学生成长的合规律性，又有利于教师及时发现学生的学习问题，及时调整教育教学方案。加强过程的评价，可以最大限度地发挥评价的促进作用，以评促学，以评导行，学生由此可以形成正确的学习观念和成长动力。

三、学生评价应该由主观走向质性

要增强评价的说服力，让学生和家长信服，必须改变以往那种以主观印象为主的评定方式，每一次学习、每一项活动、每一点成绩都可以依据表现进行质性量化。长期以来，人们头脑中固有的评价思维模式是把教师对学生的评价局限在一种模棱两可、似是而非的境地，往往习惯于大而化之、主观臆断，对学生缺少具体细化的了解，缺少科学合理的分析，对学生的成长不能做出正确的诊断，因而未能及时采取补救措施，从而制约了育人质量的提高。要深入了解学生，就要了解学生的日常学习生活表现，把握学生智能的优势与特征，这也是因材施教的基础。质性量化预示着公正，也蕴含着竞争，而学会竞争是现代公民所必备的素质之一。学生在一次次的量化评比与竞争协作中，必会不断反思，不断进步，不断成熟。

量化不是孤立的存在，量化的结果仍然需要诸如学生现场的讲解、展示、报告、作品等显性成果作为支撑，最终评比的结果可以通过数据比较确定。诚然，一些学校探索了综合素质评价的新路径，与学校办学愿景、育人目标等紧密融合，辐射到德智体美劳等各个方面，在注重学生普及性发展的基础上，兼顾了学生个性特长的发展。比如，七贤小学在七贤商会的支持下，成立了七贤小学教育基金会，科学研制"七贤好少年"的认定办法，围绕学校"贤"文化，生发出"善、智、雅、礼、巧、勇、达"等7个教育点，每个教育点包含3~4条相应的量化指标。每年12月份，学生可以根据自身发展情况，对照标准自主申报，班主任按照分配名额自主推荐，经由学校、村社、家委会组成的评委会集中评审，每年评出100位"七贤好少年"。新的一年，学校则可以利用微信公众号、自媒体、展板等平台宣传"七贤好少年"的优秀事迹，发挥身边同伴激励的榜样作用，有效运用评价结果，让评价成为学校一道亮丽的风景线。

美国心理学家威廉·詹姆士说："人类本性最深的企图之一是期望被人欣赏和尊重。"学生评价的宗旨应定位在让每名学生抬起头来走路，让每名学生带着收获回家。一个学期下来，应该让每名学生都有一个个性化的称号，送给每名学生一个微笑的表情。

❖ 第三节　在表现中评价

一、在真实情境中评价表现差异

加德纳曾说，与其调整课程以适应评估，我们不如设计能够公正地评价每种关键能力的评估方法。如，五年级学生开展"快乐的烘焙"活动，在真实情境中评估学生的学习情况。

（一）明确目标

学生以小组为单位自主选择所要制作的甜品，合理分工，自主完成烘焙所需的所有准备，并完成烘焙作品。各小组需要计算出制作烘焙作品的成本，并根据成本合理制定自己所做甜品的售价。结合学生烘焙作品的销售情况以及购买学生的投票情况评选出最受学生喜爱的烘焙作品。

（二）制定方案

讨论提示：（1）选择自己最拿手的烘焙作品，需要做好哪些准备？有哪些应急预案？（2）烘焙过程中有哪些注意事项？（3）烘焙的成本是多少？售价如何制定？如何让自己的作品受到同学们的认可与喜爱呢？

学生以小组为单位反复讨论后各自确定制作的甜品的名称并开始积极的准备：有的小组选择制作较为简单的蛋挞，制作起来简单又美味；有的小组选择制作相对复杂，但是口感很好的戚风蛋糕；还有的小组则避开烤箱，选择了制作木糠杯；还有的小组则选择制作饼干。有的小组成员甚至在同学之中进行调查，了解他们最喜欢的甜品后才确定本组的制作作品，以保证他们的甜品能够得到同学们的喜爱。

（三）实践准备

各组成员在组长的安排下合理分工，先计算出制作甜品所需的各种原料的数量，然后分头购买所需原料。有的小组选择制作戚风蛋糕，蛋白打发的软硬程度决定着蛋糕制作的好坏，因此他们小组的成员课下反复实验，练习打发，为挑战赛做好充分的准备。在制定甜品出售价格时，各组的争议比较大，有的担心价格过高不被同学接受，有点担心价格太低成本得不到保障，反而会被同学误认为质量差而无人问津，最后他们各小组组长集体协商，明确了计算成本的方法以及收益情况，最终确定了各自小组作品的售价，保证了在销售环节的公平，避免了价格战。

（四）现场操作

活动当天，同学早早地来到烘焙教室。各小组成员按照事前的分工有条不紊地开展准备工作，先根据配方比计算出各种所需原料的具体千克数，然后称量，搅拌、打发每一步都很有序地进行。制作蔓越莓饼干的小组提早半小时就将黄油软化，将面团揉搓成型放进冰箱冷冻之后，在等待的时间里更是创新性地将玛格丽特饼干的制作方法与蔓越莓饼干的制作方法相结合，制作出蔓越莓玛格丽特饼干。制作戚风蛋糕的小组蛋白分离做得一丝不苟，小组成员更是分工明确，各司其职，打发蛋白、打发蛋黄、称量面粉、称量色拉油和牛奶，一步一步有条不紊。制作木糠杯的小组在组长的安排下，一人负责打发奶油，其余成员则利用现有的工具——擀面杖，将奥利奥饼干粉碎成末，组长则负责将奶油与饼干装杯，为了木糠杯造型好看，他们对每杯的高度都有规定……制作蛋挞的小组就相对简单多了，他们为了避开使用烤箱的高峰时间，提前将烤箱预热，在蛋挞液准备好以后立刻就开始分装，然后送进烤箱……

为了使自己小组制作甜品的品相更好，能够吸引到更多的同学，各小组积极动脑，裱花、装饰水果等十八般武艺都使了出来。他们的操作使得整个烘焙教室弥漫着浓郁的香气，引来了很多同学的驻足观望，他们更是铆足了干劲。有的小组开始安排人员进行推销，在小组成员的介绍下很多学生开始预定、购买甜品。最先出炉的蛋挞被围观的同学一抢而空，更多的同学则是不断地闻讯赶来。同学制作的每样甜品都大受欢迎，在同学的称赞声中笑开了花，自豪感油然而生。他们也没有预料到自己制作的甜品这么受欢迎，有的小组长很聪明，在购买的同学中调查了解需要改进的地方。同学们制作的甜品销售一空，最终由现场参与购买品尝的学生投票选出了最受喜爱的甜品——蛋挞和戚风蛋糕。

（五）自我反思

活动结束后，成员们静下心来对此次活动进行了反思，寻找自己组在制作过程中的得与失，总结自己在活动中的表现。通过此次活动，学生们的动手能力得到了肯定，他们对于自己有了新的认识，不少平时考试成绩不好的学生在此次活动中的表现非常抢眼，他们在活动中获得了自信，"我能行"开始出现在他们的谈话中……此次活动也让教师对学生们有了新的认识。

表现性评价内容主要包括学生课程经历和学生发展水平，评价形式主要有主题活动过程评价、档案袋评价、成果展示评价、学期评定。主题活动评价主要包括各类过程性评价表单，特别是学生的自我反思记录，档案袋评价主要包括学生全过程的记录和材料、典型作品等，成果展示评价主要包括静态成果展评和动态成果展评，学期评定主要包括综合评定、创新性成果和教师述评。在大主题"理财小能手"中，综合实践活动的"我是小小理财师"可以与数学跨学科主题学习"压岁钱里的数学"整合，并且体现了学习的进阶性。

【案例1】数学跨学科主题学习"压岁钱里的数学"

以"如何合理规划和使用压岁钱"为驱动性问题，安排四个学习任务：

任务一：了解压岁钱的寓意

学生通过查询、采访等调查方式自主学习

任务二：制定压岁钱的使用计划（必须要有存款部分），比如买书、买学习用具、平时的零花钱等

学生绘制扇形统计图，描述压岁钱使用计划

任务三：体验银行存款

（1）明确基本概念（可以上网查资料，也可以问问银行工作人员）

本金	
利率	
利息	
存期	
利息税	

（2）到你想要存款的银行了解当前该银行有哪些存款利率，以表格的形式做好记录。

（3）选择一种存款方式，算一算到期后你能获得多少利息，能取回多少钱呢？

（4）在家长的陪同下，自己尝试将计划中的压岁钱存入银行，谈谈你的感想。

任务四：成果交流、评价

序号	我的表现	我的评价
1	我能通过查询、采访等调查方式了解压岁钱的寓意和理财的基本概念	☆☆☆☆☆
2	我能通过绘制扇形统计图描述压岁钱使用计划	☆☆☆☆☆
3	我能够通过选择合适的利率完成压岁钱的存储	☆☆☆☆☆

分享案例2：综合实践活动"小小理财师"

"小小理财师"综合实践活动划分为基金的筹集、基金的管理和基金的使用三个阶段，学生每个阶段都需要参与社会交往。确定以下活动目标：1.学生在设计爱心基金筹款方案、做资金预算、设计购物清单等活动中，学会独立思考，表达不同的意见和设想，解决小组资金筹集、使用等运作的问题。2.学生经历存取款、计算利息、制定理财计划等实践活动，培养有计划消费的观念，提高理财意识。3.学生通过爱心基金的筹集、管理、使用等活动，乐于为他人做一些力所能及的事情，初步形成岗位意识，具有积极参加社会活动和服务社会的意愿。

在爱心基金的筹集阶段，学生选择了摆地摊、募捐、旧物回收、拍卖等方式。以摆地摊为例，这与学校里的摆摊活动本质上是不同的，学校里的摆摊活动情境相对简单而可控，本次活动则"无解"且处于复杂情境中。首先，他们的物资来源比较广泛，有的是从网上或者义乌小商品城批发的，有的是自己动手做的手工或美食，有的是组员淘汰的玩具或图书，甚至有的同学去"卖艺"，真可谓"八仙过海，各显神通"。其次，他们筹集基金的过程是充满挑战的，在牺牲了双休日、节假日和晚上的时间之外，有的小组要随时面对城管执法人员的刁难，有的小组两三个小时也没有卖出一件商品，有的小组为了吸引客流，统一身着汉服，精心布置摊位，甚至煮起了茶叶蛋，还有的小组利用家庭资源在良渚古城遗址公园成功淘到了人生的"第一桶金"。在这个过程中，学生跟不同的人、事、物交往，遇到各种各样的复杂问题都要依靠"集体思维"即时解决。比如，第一次没有卖出商品的小组主动总结反思后，连续三天到良渚文化村玉鸟集考察市场需求，调整筹集方案，最终取得了成功。

在基金的管理阶段，学生通过银行储蓄、手机银行APP、支付宝等多种理财途径，体验了与虚拟场景和真实场景不同媒介的交往。

在基金的使用阶段，学生通过制订使用计划单、了解用户需求、合理预算、采购物品、捐赠物资等环节，有的给环卫工人、人民警察、小区保安、孤寡老人、山区学校等赠送爱心物品，有的给流浪猫购买食物，布置"宠物的家"，有的通过支付宝公益、余杭区慈善总会等平台将爱心基金捐赠给了"守护药箱计划""驰援陇青，抗震救灾""爱心书包漂流""免费午餐"等项目。

案例1和案例2在目标设计、内容框架、学习方式及学习评价方面的定位和实施有诸多共通之处。如在目标设计上，案例1既指向学科素养的发展，也指向共通素养的发展。案例2注重培养学生在价值体认、责任担当、问题解决和创意物化的意识和能力。在内容组织上，两个案例都注重开放性，倡导学生自主探究，在做中学，案例2更加具有挑战性，更加注重学生高认知技能的发展。在学习方式上，两个案例都注重调查、探究、体验、服务等实践性学习。在学习评价上，坚持素养发展导向，注重表现性评价。多元智能理论全面科学地阐释了人与人与生俱来的差异性，其蕴含的教育思想对于综合实践活动课程的评价具有借鉴意义。综合实践活动课程的评价目标基于个体的差异、体现课程的目标和融入综合评价理念，评价内容倾向于价值观念维度、能力表现维度和品格形成维度，评价方式彰显学习的综合性、思维的成长性和智能的差异性，且与综合素质评价相融通，促进学生的差异化发展。

二、项目化学习评价

多元智能理论认为，人类的智能表现方式和达到的程度，也依赖于这个人所处的文化背景，依赖于他在那种文化环境中的经历和体验。应该将评价环境与课程联系在一起，在学生进行或者参与有意义的项目活动时，尽量促使他们展现自己多种多样的能力。

以"基于学科问题解决的项目化学习"任务类型为例。本项目化学习以多元智能理论为支撑，充分彰显多元智能的补偿效应和催化效应，按照"收集资料—原型展示—合作探究—设计制作—展示评价"等环节展开学习，让多元智能伴随学习全程。同时，在博物馆式教学法指引下，以驱动性问题为引领，以关键能力的培养为基点，科学分解目标和任务，设计切实高效的学习活动，在合作中建构，在表现中评价，在活动中触摸项目式学习的真谛，还原项目式学习的魅力。"制作一个精准的一分钟计时器"项目是国家教材的校本化实践，是国家教材的深化和拓展。通过对教科版科学五年级下册第三单元"时间的测量"进行整体设计，认识计时工具的发展和变化，主要研究"太阳钟"光影计时、"水钟"滴漏计时、"火钟"燃香计时、"摆钟"等时性计时，让学生经历一个月左右的学习周期，了解、探究前人的计时工具，知晓人类计时器的发展史，明晰计时工具的工作原理，创意设计制作一分钟计时器，在亲历中感受计时工具的发展对人类生活的影响和人类为了不断改进工具所做的不懈努力。以"了解古人的计时工具，设计并制作一个精准的一分钟计时器"为驱动型问题，引导学生设计制作出自己的一分钟计时器，体验研究计时工具带来的乐趣，形成价值体认、问题解决、创意物化等方面的意识和品质。在项目化学习中锻炼创新性思维、沟通与交流、收集与处理信息、自我反思与管理、组织与规划、观察、动手操作等关键能力。

（一）收集资料

项目化学习入项阶段将学习前置，用一周的时间运用各类资源收集资料，如利用相关书籍、互联网等工具查阅人类计时工具的演变史，探究人类的计时工具是如何演变的。学生收集各类计时工具的图片、实物，了解其计时原理，将自己的研究成果与其他同学分享，并认真倾听其他同学的交流内容。教师结合学生的分享按时间先后顺序整理计时工具，梳理排列，形成思维导图。

（二）原型展示

让学生经历博物馆式探究学习，教师将各类学习资源，如视频、纸质资料、实物模型搬进课堂，创建博物馆式自由的、无边界的学习环境，学生自主研究各类计时工具的结构和原理。营造博物馆式的学习场景，学生通过各类学习资源进行自主学习，明白日影、水滴、燃香、摆、石英钟、原子钟等计时工具的计时原理。为提升学生参观"时间博物馆"的实效性，在参观前发布了相应的调研要求，让学生利用两个课时带着问题去参观，做到有意义、有深度的研学。

（三）合作探究

合作探究"如何让燃香、水滴、摆的计时更加准确？"时，分了三个板块进行设计：（1）一炷香的工夫。（2）水钟真的能准确计时吗？（3）摆钟的秘密。

"一炷香的工夫"学习活动（两课时）：通过计时，发现燃香快慢差别很大，学会用一分钟燃香的距离来估算一炷香的工夫是多少。通过实验与计算，发现燃香速度与香的材料、粗细、长短、环境都有关系。通过对比，找到最适合做一分钟计时器的香。

"水钟真的能准确计时吗？"学习活动（两课时）：通过检验滴漏时间，

发现水滴计时并不准确，进而研究水滴速度的特点——先快后慢，思考如何改进水钟才能让水钟准确计时。

"摆钟的秘密"学习活动（两课时）：通过实验发现，并不是所有摆都是一分钟摆动60次，研究钟摆摆动快慢的影响因素，思考调节钟摆摆动快慢的方法。

（四）设计制作

如何制作一个精准的一分钟计时器？了解、认识各类计时器之后，学生对于自己制作一个一分钟计时器跃跃欲试。学生经历"基于材料的设计—交流讨论—改进设计—制作—检验—调试"的过程，在不断迭代中制作出了一个自己的一分钟计时器。教师将评价量规前置，提前向学生公布评价标准，让学生依据评价标准去选材、去设计（表5.1）。

表5.1 《制作一分钟计时器》评价标准

序号	评价维度	评价标准	评价细则	分值	得分
1	产品材料	选材合适，价格合理	充分使用所选材料 价格在20～23元，得10分 价格在24～27元，得8分 价格28～30元，得6分	10	
2	产品制作	依据设计图制作	用图示设计，设计清晰明了	20	
		计时准确	误差在5秒以内，得50分 误差在5～10秒，得40分 误差在10秒以上，得20分	50	
		创意	交流时能说出创意之处	20	
3	合作学习	小组合作 分工明确	一朵小红花得5分 不设最高分		
		轻声交流 认真倾听			
总分					

学生依据设计思路以及材料成本等因素，在材料超市里选择合适恰当

的材料，计算相应成本。小组展示根据自选材料商议绘制的设计图，向其他同学展示团队设计理念以及设计的模型草图。通过图示绘制平面图，让其他人一眼便能看懂。通过组间评议，提出改进意见，教师适时提供设计支架。项目团队结合他人意见进行二次设计，使自己的设计更科学，更易成功。团队合作完成产品制作后，用秒表进行产品自检，并在自检过程中发现问题，改进产品，为后期产品验收评价做好充足准备。

学生完成了产品的制作后，从及时准确、产品创新、产品成本、合作探究等方面对自己的这次项目化学习进行综合评价。因自评缺乏一定的客观性，可以结合评价标准开展组间互评，采用"粉笔说""循环问诊""画廊漫步"等评价工具或手段，让同伴对产品进行更客观的评价。根据组间互评，再次改进自己的作品。

教师根据学生的表现，给学习小组奖励小红花，投票评选"最具人气奖""最佳设计奖""最优产品奖""最强创意奖"等奖项。

通过本次项目化学习，教师为学生提供了丰富材料，给学生的设计、制作搭建了思维的支架，又创造性地改造、优化教科书中的实验器材，同时考虑技术与工程的要素，引导学生了解到制作产品还需考虑创新、成本等条件，师生共同还原了一个更为真实的产品制作过程。

本次项目化学习的成果有创新、有突破。其中沙漏、火闹钟是教材上没有的，学生能够根据前期调查、原型探究，自己设计出这两类计时器，且运用科学的方法测量验证，具有一定的挑战性，体现了高阶思维品质与深度学习能力。摆钟的制作虽然相对比较简单，但是钟面和指针的安装并没有止步于貌似简单的拼装，而是学生对科学知识综合运用和精细动作操作能力的生动体现。

三、在活动中评估专项智能

动手操作的概念来源于皮亚杰的动作对思维的促进作用、杜威的"从做中学"，以及陶行知的"教学做合一"等理论观点。加涅认为，动作技能是与言语信息、智慧技能、认知策略和态度相对应的一种相对独立的性能或素质。赞科夫将人的能力发展划分为实际操作能力、观察力和思维力。苏霍姆林斯基也曾生动地指出："儿童的智慧在他的手指尖上。"霍华德·加德纳提出的多元智能理论，将"身体—动觉智能"列为每个人与生俱有的八种智能之一，指运用全身或身体的一部分——包括嘴和手，解决问题或创造产品的能力。这种智能的特点是具有熟练操作工作对象的能力，其中既包括手指和手做出细微动作的运动能力，又包括使用整个身体做出大幅动作的运动能力。

基于以上观点，我们认为动手操作能力主要是一种通过身体特别是手，与客观的对象进行相互作用的实践活动，它侧重培养学生的动作协调能力、使用工具和技术的能力、设计和制作的能力（如设计和生产一个产品的能力）、发明创造的能力等。

动手操作不但能加强学生小肌肉小关节的锻炼，而且可以使儿童大脑全面机能得到训练，可以发展学生的创造性思维，促进学生思维的精确性、工整性和明确性。动手操作除了对智力的发展有重要的意义外，在做的过程中有助于学生养成多方面的优秀品格，激发学生学习的成就感和自信心。因为只有当儿童运用事物和感知来支配他的身体、协调他的活动时，才可能使儿童得到发展。动手操作还可以为学生打开另一扇窗，多一把尺子衡量学生的学习优势，让擅长动手操作的学生得到认可和提高，并迁移带动其他方面的学习和发展。

动手操作能力与动作技能有一定的联系，但也有本质的区别。动手操作能力是学生以外部的动作或操作为主进行活动的能力，脑教了手，手也发展了脑，强调学生手脑并用，动手实践。其中，动手协调的能力主要是指精细协调能力，包括手和手指协调、手眼协调、手耳协调、手眼脚协调等能力；使用工具和技术的能力主要涉及一种利用复杂性知识进行物质产品生产的技能方面的训练。这种训练强调手工技能、控制生产过程中的能力、与之相关的审美鉴赏力及终身技术学习的能力；设计和制作的能力遵循内心深处的自然本能，把思维转换成手工技艺，把手工活动转化为思维，包括技术认识、技术思维、技术实践等能力；发明和创造的能力要求学生不仅要有质疑能力，而且要有技术创新、创造新产品的能力。此外，动手操作能力也包含一些隐性能力，如初步技术的感知、思维、想象能力，观察和分析事物的能力，收集、处理、运用技术信息的能力，对技术设计、技术实践过程及产品的反思和评价能力等。

制作环保酵素

适用年级：六年级；建议课时：4课时。

一、动手操作能力训练的关键点

通过在日常生活中收集果皮、菜叶的准备工作，培养学生的动手能力；通过环保酵素的制作，用实际行动培养学生的现场制作能力；通过社区活动进行"环保酵素"的宣传，培养学生推广宣传的活动设计能力。

二、活动背景

家庭清洁离不开清洁剂的使用，但是一般化学清洁剂含磷酸盐、硝酸盐、氨、氯等有害成分，在使用化学清洁剂的同时，其实也在污染着地下水、河流，对地球环境造成极大的伤害。而环保酵素在近年来越来越受到环保人士的认可和推崇，环保酵素对净化水质、清洁去污、分解无机化学污染物质等方面具有非常强大的功效。它是家居清洁好帮手，是天然的清洁剂、空气净化剂、除虫剂、洗衣剂、汽车保养剂、有机肥料等，它制作简单、无须购买、无化学污染、用途广泛。在学校推广制作环保酵素意义重大，不仅培养学生的环保意识，而且培养他们的团队合作意识、动手能力、科学探究精神和热爱生活的品格，使他们产生成就感和责任感。

三、活动目标

1.学生通过资料搜集和阅读手册，了解环保酵素的制作方法和功能，激发主动探究、乐于实践的兴趣，培养积极参与、团结协作的意识。

2.学生学会制订活动计划，自觉参与制作实践活动，观察记录酵素的发酵变化过程，养成善于观察发现、乐于记录的良好习惯和科学精神，唤醒心中的创造潜力。

3.学生在活动中制作、宣传、推广环保酵素，培养热爱生活的品格，增强环保责任感。

四、活动准备

1.环保酵素宣传册人手一份。

2.电子秤6个。

3.每人准备果皮、菜叶500克。

4.容量5升的酵素桶6个。

五、活动过程

第1课时

（一）师生交流，认识酵素

1.交流：近年来随着人们环保意识的增强，人们越来越注重通过自己的实际行动为环境保护做出自己的努力。而环保酵素的出现，既能为环境保护做出贡献，又能给我的生活带来方便，那么到底什么是环保酵素呢？

2.教师介绍环保酵素的有关资料。

3.激发兴趣，确定活动主题。

（二）讨论交流，主题分解

1.关于酵素，你还想了解些什么？选择你最感兴趣的内容写下来。

教师引导：选择自己感兴趣的、有研究价值的、具体好操作的内容。

2.小组交流：小组成员交流各自想探究和了解的内容，然后选择大家都认可的内容记录下来。

3.小组汇报，确定活动内容，师生评价。

（三）小组合作，完成活动方案

1.明确方案内容。

讨论：一份完善的活动方案应该包含哪些内容？

小组交流，总结汇报，教师引导评价。

2. 小组合作制作方案。

教师巡视指导。方案的制定要符合小组活动的需要，可以是文字式，也可以是表格式，内容尽量详尽。

3. 交流展示，修改完善。

各组汇报小组活动方案，组长具体介绍，师生评价，提出修改意见。

各组根据大家的意见和自己的发现进行修订完善。

（四）师生评议，确定方案

组长汇报小组具体的活动方案，师生评价引导。

第2课时

（一）借助手册，明确方法

自读《环保酵素宣传手册》，选择你感兴趣的内容快速阅读，明确制作环保酵素的方法。

（二）按照配比，原料称重

1. 按照1∶3∶10的比例，称出300克红糖、900克鲜垃圾，3000克水。

2. 要求：称重过程中保持桌面整洁干净，不滴不洒，称好后放在指定地方。

（三）小组合作，动手操作

1. 按照制作步骤，小组合作，完成环保酵素的制作。

2. 协作：小组成员服从组长安排，分工合作，齐心协力。

3. 整洁：因为瓶口小，在放糖和果皮菜叶的时候要巧用方法，防止糖和果皮菜叶洒落，保持桌面整洁。

4. 速度：比一比哪些小组最先完成，哪些小组的标签设计得最有创意。

（四）成果展示，多元评价

1. 成果展示：桌面、酵素、标签。

2. 完成评价任务单。

第3课时

（一）师生交流，明确任务

做了那么多准备，今天我们将一起带着搜集整理的资料、精心制作的手抄报和展板，走进社区、走进家庭，让更多的人认识"环保酵素"，让更多的人参与到环境保护的实际行动中来。

（二）走进社区，宣传实践

1. 小组分工。

资料发放、拍照记录、交流介绍、资料管理、反馈记录。

2. 自由结对，开始活动。

在小区人流量大、显眼的位置悬挂"环保酵素"的宣传横幅。

在人流量密集的地方发放"环保酵素"资料宣传单。

与感兴趣的人交流对"环保酵素"的了解和认识。

宣传"环保酵素"的制作方法和用途，宣传环保理念。

（三）总结评价

1. 小组交流这次活动的感受和收获。

2. 完成评价任务单。

第4课时

（一）师生交流，明确目标

围绕"环保酵素"这个主题，我们开展了一系列的调查、宣传活动，也亲自参与了"环保酵素"的制作过程，记录"酵素"的变化情况，今天我们一起将活动过程中收获的信息、资料、感受通过成果展示的方式进行总结汇报。

（二）成果展示，交流汇报

1. 活动回顾。

请大家回顾"环保酵素"实践活动过程中，我们都做了哪些事情？什么时间、什么事给你留下的印象最深？你的感受是什么？小组内交流。

2.资料整理。

各组同学分工合作，将活动成果以手抄报、总结报告、实物展示等方式呈现，有条理地阐述活动过程中的收获和感悟。

3.展示交流。

以手抄报、课件的形式展示关于"环保酵素"的资料。

以图片、小视频的方式展示活动过程中同学们参与实践的精彩瞬间。

以调查报告的形式展示有关"环保酵素"的问卷调查结果。

以实物的方式，介绍各组制作的"环保酵素"。

以照片、观察日记、习作的形式展示"酵素"的变化形成过程等。

（一）任务描述

围绕素养目标，结合《中小学综合实践活动课程指导纲要》和六年级学生的学情，从"发明和创造能力"关键点出发，通过运用表现性评价的方法测试学生的质疑能力、技术创新和创造新产品的能力。

（1）能通过收集资料、归纳整理信息、观察学习作品资料，结合自身的思考，发明和创造有自己想法和特点的作品。

（2）能与小伙伴互助合作，在看懂图纸的基础上，自主设计、制作或改装，形成一些较为复杂的创意作品，并考虑作品的实用与美观。

（3）能发展学生的质疑能力、技术创新和创造新产品的能力，培养学生的动手操作能力，锻炼学生的表达能力以及对事物的审美认识。

（二）任务单设计

任务一：围绕活动主题，提出研究问题。

教师围绕活动主题，鼓励学生大胆质疑，激发学生的好奇心，提出自己最感兴趣、值得深入研究的问题。小组讨论、整理，做好记录（表5.2）。

表5.2　研究问题记录表

活动主题	研究问题	组内成员	小组问题

任务二：确定研究问题，制定活动方案。

小组围绕成员提出的问题，继续发问、追问、提出异议，共同探讨，确定本组内的研究问题，制定活动方案，画出思维导图或者示意图（图5.1）。

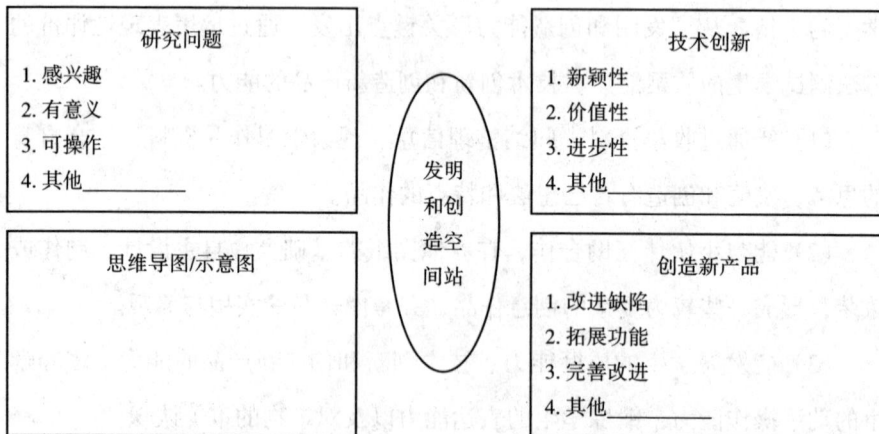

研究问题
1.感兴趣
2.有意义
3.可操作
4.其他_____

技术创新
1.新颖性
2.价值性
3.进步性
4.其他_____

发明和创造空间站

思维导图/示意图

创造新产品
1.改进缺陷
2.拓展功能
3.完善改进
4.其他_____

图5.1　研究问题的思维导图

任务三：动手操作实践。

教师指导学生根据组内设计的活动方案，开展动手操作实践。在实践的过程中，要求组内分工明确，做好记录，学生要敢说、敢问、敢思考，善于发现问题和解决问题（表5.3）。

表5.3 "发明和创造能力"表现性评价表

维度	A级表现 15～20分	B级表现 10～14分	C级表现 5～9分	自评	组评	师评	总评
质疑能力 20分	对活动主题产生浓厚的兴趣、强烈的好奇心；在整个活动过程中大胆发问、追问、提出异议，敢说、敢问、敢思考，善于发现问题和解决问题；提出的问题高质量、有意义、可操作性强	对活动主题较感兴趣、有好奇心；在整个活动过程中有发问，追问、异议较少，甚至没有。发现问题和解决问题的能力较强；提出的问题质量较高、有意义、可操作性较强	对活动主题没有兴趣和好奇心；在整个活动过程中没有发问、追问、异议，不敢说、不敢问、不思考，不能发现问题和解决问题；提出的问题没有质量、没有意义、无法操作				
技术创新能力 20分	在整个活动过程中，使用的方法创新。产品具有新颖性、价值性、进步性等	在整个活动过程中，使用的方法较灵活，有新意。产品新颖性、价值性、进步性等较好	在整个活动过程中，使用的方法死板、保守，毫无新意。产品没有新颖性、价值性、进步性等				
创造新产品能力 20分	发现产品的问题，改进产品的缺陷，拓展产品的功能，以审美的标准完善改进新产品等	在活动过程中，符合1～2处创造新产品的标准	没有符合创造新产品的标准				

（三）评价原则

（1）以小组为单位，阅读任务单、提出问题、制定方案、设计制作等，完成表现性评价表。

（2）教师组织小组长成立评审委员会，按照"发明和创造能力"表现性评价表对每个小组进行评价，然后教师再组织学生自评、师评，按照评分规则，对学生个人进行评价。（总评取自评、组评、师评的平均分）

（3）学生发明和创造能力评价总分为60分，共分三个等级：A级为45分及以上，B级为30～42分，C级为15～27分。

如，在五年级"生活用品的改造"活动中，开展真实情境评价（表5.4、表5.5）。

（1）学生以小组为单位，制定修改并完善生活用品的改造方案，明确改造的方法和流程，开展生活用品的改造活动，完成自我评价表。

（2）共需评价教师若干名，一名教师使用小组身体—动觉智能评价表，按照评分规则，对小组进行评价。其余教师分别测评2～3名学生，使用学生个人身体—动觉智能评价表，按照评分规则，对学生个人进行评价。

（3）学生最后的身体—动觉智能发展水平为个人评价结果加上小组评价结果。其中个人评价结果总分60分，小组评价结果总分40分。

（4）学生身体—动觉智能评价总分为100分，共分四个等级：A级为75分及以上，B级为50～70分，C级为25～45分，D级为0～20分。

表5.4　小组身体—动觉智能评价表

班级			组别		
	A级 15～20分	B级 10～14分	C级 5～9分	D级 0～4分	单项 得分
生活用品改造方案的设计情况20分	1. 能根据各种生活用品存在的缺陷，设计有创意的符合生活实际需要的改造方案，具体明确，图文并茂，突出重点 2. 能细致考虑改造中的各种因素，如造价、材料、工具、人员分工等要点，设计合理化的改造方案 3. 方案具体细致，可操作性强，很有创意，作图形象、简明易懂	1. 能设计出改造的方案，比较具体明确，基本体现重点 2. 能考虑一些基本因素，设计出改造生活用品不足的基本方案 3. 方案基本可行，比较有创意，作图比较简明易懂	1. 方案设计不够具体化，改造方法不明确 2. 考虑不全面，缺乏一些必要的因素 3. 方案缺乏可行性，难操作	方案设计不成功，没有可行性	

表5.4（续）

班级		组别		
A级 15~20分	B级 10~14分	C级 5~9分	D级 0~4分	单项得分
动手改造生活用品的情况 20分	1. 活动中，能充分做好改造时材料工具等用品的准备工作，做好人员分工，时间、场地的安排等工作 2. 小组成员能热情、积极、负责地做好本职工作，学会合作，统筹安排，熟练使用工具，顺利完成用品的改造 3. 活动开展有序，能够根据具体情况，适当调整、完善改造方案。遇到困难，想办法解决问题，学生参与度高 4. 改造后的作品有创意又实用	1. 活动中，能基本做好改造前的准备工作 2. 小组成员基本能够负责好本职工作，合作基本顺利，较熟练使用工具，基本能够完成改造任务 3. 活动开展比较有序，能根据具体情况，尝试调整方案。遇到困难时解决问题不顺利 4. 改造后的作品基本实用但无创意	1. 活动中，安排不充分，活动无序 2. 小组成员不能完成自己的任务，不会合作，不会操作，完成任务有困难 3. 活动基本能够开展，但人员参与度太低，效率不高 4. 改造后的作品实用价值较低	由于前期改造方案设计不明确，小组成员合作失败，操作活动无法进行，作品改造失败	

表5.5 学生身体—动觉智能评价表

组别		学生姓名		
A级 15~20分	B级 10~14分	C级 5~9分	D级 0~4分	单项得分
参与改造方案设计的活动情况 20分	1. 态度积极、乐于参与改造方案的设计 2. 对于设计方案，有自己独特的思路，能够提出3条以上可行性建议 3. 能够从物品的实用性、创造性、艺术性等多方面考虑设计方案，提出合理化建议	1. 能够比较积极地参与到方案的设计中 2. 对于设计方案，有自己的想法，能够提出1-2条可行性建议 3. 能够从某一方面考虑方案的设计	1. 基本能够参与到方案设计活动中 2. 对于方案的设计，缺乏清晰的思路，能够提出自己的建议，但缺乏可操作性 3. 方案的设计不能从实际出发，有些凭空臆想	不参与方案的设计，没有建议，不知道怎样设计方案	

表5.5（续）

组别			学生姓名		
	A级 15~20分	B级 10~14分	C级 5~9分	D级 0~4分	单项得分
参与动手操作改造的活动情况 20分	1.能够发挥自身优势，积极参与改造，在完成自身任务的基础上，还能够主动承担其他操作任务 2.能够根据操作中的具体情况，适时提出可行性建议，并带领小组成员适时调整，顺利完成改造任务 3.能够积极配合小组成员，会合作，乐参与，尊重他人	1.基本能够发挥自身优势，明确自己的任务并完成 2.能够根据改造中的具体情况，提出自己的一些建议 3.能够比较积极地配合小组成员，参与到合作当中，比较尊重他人	1.对于自己的任务不够明确，勉强完成 2.能够参与到小组活动中，但缺乏合作意识，不够尊重他人	拒绝参与小组活动，无法完成自身任务	
	A级 15~20分	B级 10~14分	C级 5~9分	D级 0~4分	单项得分
总结反思情况 20分	1.能正确认识自己在活动中的表现，对自己进行客观的评价 2.能正确分析小组活动过程中的优缺点，对于活动的不足能以积极的态度提出科学合理性的措施	1.能够基本正确认识自己在活动中的表现，对自己进行比较客观的评价 2.能基本正确分析小组活动过程当中的优缺点，对于活动的不足能提出比较科学的措施	1.对自己在小组活动中的评价不够客观 2.不能够正确分析小组组织活动过程中的优缺点，面对困难退缩	无法客观评价自己在活动中的表现。意识不到小组组织活动过程中的优缺点	
小组能力评价情况	评分规则见《小组身体—动觉智能评价表》				单项得分
综合评价	简要描述				
	总分		等级		评分人

备注：A级75分及以上；B级50~70分；C级25~45分；D级0~20分。

后　记

　　距离《多元智能理论本土化应用》的出版已经过去了整整 10 年的时间。这 10 年间，我依循课题赓续研究的思想，立足于实验学校，以课题撬动课改，以课改带动学校的全面发展，所取得的理论成果和实践成果已经完全超出了我的预期。

　　在成果培育的过程中，我得到了教育部课程教学教材发展中心王小丽博士，北京师范大学裴娣娜教授，上海师范大学教育学院夏惠贤院长，江苏省教育科学规划领导小组办公室彭钢主任，江苏省教育发展战略与政策研究所万伟所长，江苏师范大学课程与教学研究所代建军所长以及浙江省、杭州市、余杭区等领导和专家的大力支持和悉心指导。他们大都多次亲临实验学校指导研究工作，并为我搭建推广研究成果的平台，使得我的研究丝毫不敢懈怠，始终保持在高位运行。如今想来，往事历历在目，我是何其有幸！

　　本书由加德纳的老朋友沈致隆教授作序，我倍感荣幸。沈教授于 1997 年和 2006 年两次应邀前往哈佛大学教育研究生院访问、讲学，与加德纳进行过广泛、深入的交流，学术上获得后者的很高评价。加德纳的很多著作都曾委托沈教授翻译成中文，因此他将沈教授誉为"多元智能理论派驻中国的大使"。沈教授在相当长的一段时间内，几乎每天都会给予我指导，转发给我很多的参考文献，对本书的体例、内容，乃至一个注释，都给我提出了中肯的建议，确保了本书体例的科学性和内容的正确性。同时，他还积极推荐七贤小学等实验学校申请加入"全球多元智能网络学校"，从而建立了与香港优才书院的联系。其间，我有幸得到了香港优才书院多元智能研究中心主任韩耀宗教授的指导。6月1日晚，我在北京拜访沈致隆教授，如愿当面倾听沈教授讲述二十余年来翻译加德纳多部原著、用十三年翻译《智能的结构》以及与加德纳建立深厚友谊的故事，如醍醐灌顶，让我受益终身。

《多元智能与实践学习》付梓出版，是对新课改的积极回应，特别是对2022年新课程方案和课程标准的行动契合。我之前的出发点、行动点和落脚点得到了很好的印证。我的研究始终没有离开学校，其中不乏基础薄弱学校，这些学校的发展证明，多元智能理论的在地化对于学校办学思想、课程规划、课堂改革、综合评价等的整体性变革起到统领性作用，并且经得起实践的检验。本书内容是建立在我们团队18年的研究基础上的，融合了多项省级以上课题研究的实践和思考，虽然时空跨度较大，但成果比较容易转化。从江苏徐州到浙江杭州，在实证中华五千年文明史的圣地良渚，本书成果得到了七贤小学祝贤平校长的认可，并得以在学校的办学思想中被借鉴运用，近几年学校的发展取得长足的进步，相关办学成果也发表于《中国教育报》等权威报刊。

本书在组稿的过程中，前后经历了13次的修改，在反复修改的过程中我愈发感受到书稿远没有达到预期的质量，目前仍然存在着诸多改进的余地。在这里，我要感谢东北大学出版社对选题和书稿的肯定，感谢编辑在百忙之中克服生活、工作的困难，不厌其烦地审校。感谢《江苏教育研究》《教学与管理》《基础教育课程》《教学月刊》等杂志编辑部对本书部分内容的包容与认可，使得其中的一些成果能够在上述优秀的期刊上发表。

回眸这十年，我五味杂陈，百感交集，感叹自己错失了很多美好的时光，自我其实还可以再努力，还可以做得更好。但时光失而不可复得，我唯有不断总结教训，反思前行，期待下一个十年能够以加倍的努力弥补过往的遗憾。

最后，感谢亲爱的家人们对本书的支持，是你们给了我坚持下去的勇气和信心，是你们让我在衣食无忧的前提下还有可能追求精神的富足。你们永远是我最坚实的后盾。

刘治富

二〇二四年六月十日端午节写于杭州